本书为国家社科基金青年项目"我国上市公司股利政策的迎合行为及其治理研究"（13CJY013）的最终成果，同时受广西自治区级协同创新中心——陆海经济一体化协同创新中心、广西一流学科（培育）——应用经济学、广西高等学校高水平创新团队及卓越学者计划、广西财经学院创新团队计划资助。

镜 湖 文 库

JINGHU

LIBRARY

我国上市公司股利政策的迎合行为及其治理研究

陈修谦 著

·北京·

图书在版编目（CIP）数据

我国上市公司股利政策的迎合行为及其治理研究 / 陈修谦著. —北京：中国经济出版社，2021.11
（广西财经学院镜湖文库）
ISBN 978-7-5136-6578-0

Ⅰ.①我… Ⅱ.①陈… Ⅲ.①上市公司-股利政策-研究-中国 Ⅳ.①F279.246

中国版本图书馆 CIP 数据核字（2021）第 158628 号

责任编辑	赵嘉敏
责任印制	巢新强
封面设计	赵　飞

出版发行	中国经济出版社
印 刷 者	北京艾普海德印刷有限公司
经 销 者	各地新华书店
开　　本	710mm×1000mm　1/16
印　　张	10.75
字　　数	131 千字
版　　次	2021 年 11 月第 1 版
印　　次	2021 年 11 月第 1 次
定　　价	88.00 元

广告经营许可证　京西工商广字第 8179 号

中国经济出版社　网址 www.economyph.com　社址 北京市东城区安定门外大街 58 号　邮编 100011
本版图书如存在印装质量问题，请与本社销售中心联系调换（联系电话：010-57512564）

版权所有　盗版必究（举报电话：010-57512600）
国家版权局反盗版举报中心（举报电话：12390）　　服务热线：010-57512564

前　言

　　2018—2020年，我国A股上市公司现金分红连续3年突破万亿元，分别为1.12万亿元、1.23万亿元和1.36万亿元，呈上升趋势。耐人寻味的是，A股市场与港股、美股等成熟市场相比，现金分红公司占比相对较高而股息率显著较低，尤其是现金股利支付率与政策门槛较为接近，如2019年A股上市公司现金股利支付率中位数是30.6%，平均支付率是34.74%，二者均集中分布在30%的再融资监管门槛附近，接近《上市公司监管指引第3号——上市公司现金分红》设定的差异化分红政策底线。现金分红究竟是体现了投资者回报的宗旨，还是更多地迎合了政策要求？后股改时代，特别是行情较好的2014—2015年，高送转股公司的股价虽被热炒但也屡遭重要股东减持，在监管层高压控制、交易所频发关注函之后才日渐降温。上市公司股票股利政策究竟是迎合了高管及重要股东，还是中小投资者的偏好？2021年3月，从已披露分红方案的上市公司来看：江铃汽车每10股派现34.76元，一举分完5年净利润；中国神华分红率高达91.8%，股息率超过10%，与以游乐园门票、紫砂壶、鸡尾酒等"奇葩"实物分红的公司形成鲜明对比。上市公司股利支付额的多寡和股利形式又迎合了哪类主体的需求？人们对上市公司股利政策"支付与否""支付什么""支付多少"的困惑，其复杂性已远超Black（1976）关于"公司为何要向股东支付股利？"的"股利之谜"，成为数十年来金融领域最引人入胜的研究热点和难点之一。

　　本书从迎合行为理论视角对我国上市公司股利政策展开研究。从本质上讲，股利迎合行为是管理者理性应对投资者的非理性偏好。在我国特殊的市场环境下，股利溢价为正时，管理者通过支付股利获取股利溢价，使证券价格偏离其价值。加上随之而来的减持、再融资、股权激励等公司行为，会导致大股东、管理者从中受益而中小投资者受损。股利迎合行为会导致市场价格的波动。股利溢价为负时，管理者倾向于不支付股利，投资者回报机制被弱化，从而加剧了投资者对资本利得的依赖和追逐，对市场价格的波动亦造成影响。

对我国上市公司股利政策迎合行为的研究，一方面，要检验在中国特殊的市场环境下迎合理论的解释力和适用性，这是对"为什么支付""支付多少""怎么支付"等问题的科学探索；另一方面，要检验我国上市公司股利政策迎合行为的动因，回答"股利政策迎合了谁的需要，其治理动因是什么"的问题，进而为优化上市公司治理机制，完善投资者回报机制，发挥股利政策的公司治理效应，促进资本市场健康发展提供对策和思路。

在梳理文献和我国上市公司股利政策及相关规制的基础上，本书构建了股利政策迎合行为及其治理优化的解释框架，并重点围绕四个方面进行实证研究。其一，在强化分红政策视角下对上市公司股利政策迎合行为进行实证研究。通过静态面板模型检验发现，现金分红意愿和股利溢价高度正相关，而且在设置了2008年和2013年为虚拟变量后，模型的显著性有所增强，说明强化分红政策确实对上市公司的现金分红产生很大的影响，使现金分红表现出对政策的显著迎合，这比 Baker 和 Wurgler（2004a，2004b）的开创性研究更具中国化。其二，在股改视角下对上市公司现金分红的迎合行为及其治理动因进行实证研究。通过构建股改前后上市公司现金分红混合面板数据模型并经实证检验后发现，股改前我国上市公司现金分红较符合股利迎合理论的解释，且股权集中度均对其产生了正向的影响；股改后股利溢价和现金分红意愿之间未能构建起符合显著性要求的模型，说明现金分红并不具有迎合特征，股权分置改革带来的公司治理机制的优化弱化了管理者的迎合行为及现金掏空机制。其三，对上市公司股票股利迎合行为及其治理动因进行实证研究。在股票股利决策背景下，通过对主板、中小板及创业板市场分别利用混合面板数据开展实证检验后发现，"送转股"这一特殊的股票股利行为在我国具有典型的迎合行为特征，尤其在股本规模小、成长性强的中小板与创业板上市公司群体中更为显著。随着全流通时代的到来，重要股东和管理者频频利用高送转股政策创造高股利溢价，并借机进行减持套现，这在某种程度上有操纵股利政策、损害中小投资者利益之嫌。其四，在迎合理论视角下对股利政策决策及其治理动因进行综合实证研究。研究结果发现，投资者股票股利需求对公司送转股情况和送转股比例大小均产生了重要影响，投资者相对现金股利而言更偏好股票股利，上市公司管理者存在理性迎合投资者并热衷于送转股的股票股利偏好行为。

从公司治理变量来看，第一大股东持股比例的变化对股票股利决策产生的影响不显著，不仅说明控股股东并未对股票股利表现出严格的偏好，还可能因为"隧道效应""掏空"等不合理欲求而继续偏好现金股利；股权制衡度对股票股利支付倾向和比例均产生正向的影响，说明机构持股有获取资本利得的强烈偏好。从公司特征变量来看，规模变量对股票股利支付倾向产生显著的负向影响，而对送转股比例产生正向影响；盈利性对股票股利发放产生正向影响，而对市净率产生负向影响；但盈利性、成长性、规模变量对市值的增长并没有产生正向影响，说明股票股利推动的市值增长与公司基本面改善并不存在一致性，只为追求短期股价上升而获取股利溢价。在一系列实证研究的基础上，本书认为应进一步丰富、强化现金分红政策的量化指标，合理引导上市公司进行规范化的现金分红；加强上市公司股利政策的外部监督力量建设和信息披露监管的作用，完善上市公司股利政策的外部治理环境；继续调整董事会和监事会等内部机构职能，完善管理层激励约束机制，强化中小投资者在公司治理结构中的地位，促进上市公司治理结构的进一步完善；暂停征收上市公司股息红利所得税，促进税收治理的公平和资本市场的健康平稳发展。

  本书结合了中国证券市场的发展现状，延伸了股利迎合行为的内涵，构建了基于市场时变性、制度阶段性、股利形式多样性的股利政策迎合行为理论的分析框架。本书运用我国上市公司的经验数据开展了多重实证研究，从迎合理论及公司治理视角探究股利政策迎合行为的动因，尝试解释我国上市公司"股利之谜"，提出股利政策行为异象治理的解决思路。以上研究丰富了行为股利政策理论的研究体系，对完善上市公司治理、优化股利政策规制、规范股利政策行为、缓释股利行为异象、健全投资者回报机制、促进资本市场和社会经济健康发展等方面进行了有益的理论探索。

目 录

1 导 论 / 1
 1.1 研究背景与意义 / 1
  1.1.1 研究背景与问题提出 / 1
  1.1.2 研究目的与意义 / 6
 1.2 研究思路与方法 / 7
  1.2.1 研究思路 / 7
  1.2.2 研究方法 / 9
 1.3 研究结构与内容 / 12
  1.3.1 研究结构 / 12
  1.3.2 主要内容 / 13

2 理论基础与文献综述 / 15
 2.1 非行为股利政策理论 / 15
  2.1.1 股利政策无关论 / 15
  2.1.2 税差理论 / 16
  2.1.3 追随者效应论 / 16
  2.1.4 信号传递理论 / 17
  2.1.5 代理成本理论 / 18
 2.2 行为股利政策与股利迎合理论 / 20

2.2.1 股利政策行为学研究的兴起 / 20
   2.2.2 股利迎合理论 / 21
  2.3 股利政策的公司治理动因 / 27
   2.3.1 外部治理因素 / 27
   2.3.2 内部治理结构 / 28
  2.4 理论与文献述评 / 29
   2.4.1 非行为股利政策理论解释力的局限性 / 29
   2.4.2 股利迎合理论的适用性 / 31
  2.5 本章小结 / 33

3 我国上市公司股利政策及股利规制的发展演进 / 34
  3.1 股利支付形式与股利政策的一般特征 / 34
   3.1.1 股利支付的一般形式 / 34
   3.1.2 股利政策的一般特征 / 36
  3.2 我国上市公司股利政策的现状及特征 / 37
   3.2.1 股利政策形式多样,但不分配比例依然较高 / 37
   3.2.2 现金股利支付率相对较低,送转股比例相对较高 / 39
   3.2.3 股利收益低,现金分红分布不集中 / 41
   3.2.4 股利持续性和稳定性有所改善,但异常股利
       政策较多 / 43
  3.3 我国上市公司股利政策的相关规制 / 44
   3.3.1 强化现金分红政策 / 44
   3.3.2 股权分置改革与限售股流通 / 49
  3.4 本章小结 / 52

4 股利政策迎合行为及其治理的解释框架分析 / 53

4.1 股利迎合理论适用的公司治理模式特征 / 53
4.1.1 股东至上理念 / 53
4.1.2 股权高度分散 / 54
4.1.3 市场机制约束 / 55
4.1.4 机构投资者强大 / 55

4.2 我国上市公司股利政策迎合与治理的特殊性 / 56
4.2.1 上市公司投资者回报意识淡化 / 56
4.2.2 上市公司股权结构较为特殊 / 57
4.2.3 机构持股治理效应缺失 / 59
4.2.4 外部治理条件低效 / 60

4.3 我国上市公司股利政策迎合行为及其治理优化机制 / 61
4.3.1 我国上市公司股利政策与治理模式的重要特征 / 61
4.3.2 强化分红政策视角下上市公司现金分红迎合机制 / 62
4.3.3 上市公司股票股利的迎合机制分析 / 64
4.3.4 上市公司股利政策治理效应优化机制 / 66

4.4 本章小结 / 67

5 强化分红政策视角下上市公司现金分红迎合行为实证 / 68

5.1 问题的提出 / 68

5.2 文献回顾与研究假设 / 70
5.2.1 文献回顾 / 70
5.2.2 研究假设 / 71

5.3 样本选择和变量定义 / 74
5.3.1 样本选择 / 74

5.3.2 变量定义及指标选取 / 74

5.4 检验过程与结果分析 / 78

    5.4.1 股利溢价与市场现金分红状况的关系 / 78

    5.4.2 强化分红政策背景下的A股市场现金分红迎合行为检验 / 79

5.5 强化分红政策视角下上市公司现金分红迎合行为的动因检验 / 86

    5.5.1 模型设定 / 86

    5.5.2 变量说明与理论假设 / 87

    5.5.3 实证分析 / 88

    5.5.4 实证检验结论 / 93

5.6 本章小结 / 94

6 股改视角下上市公司现金分红迎合及其治理动因实证 / 96

6.1 问题的提出 / 96

6.2 文献回顾与研究设计 / 97

    6.2.1 文献回顾 / 97

    6.2.2 研究设计 / 98

6.3 实证分析 / 102

    6.3.1 现金分红意愿和股利溢价计算及其基本关系 / 102

    6.3.2 股利溢价对支付意愿的影响预测回归 / 106

    6.3.3 股权分置改革前后现金分红政策迎合行为对比检验 / 109

6.4 结论分析 / 115

7 上市公司股票股利政策迎合行为及其治理动因实证 / 116

7.1 问题的提出 / 116
7.2 研究思路与模型构建 / 117
7.2.1 研究思路 / 117
7.2.2 模型构建与变量选取 / 118
7.3 实证分析 / 120
7.3.1 样本选择与数据来源 / 120
7.3.2 股利溢价和股利支付意愿的相关性 / 121
7.3.3 股票股利的迎合行为及其治理动因检验 / 122
7.4 结论分析 / 130

8 迎合理论视角下股利政策决策及其治理动因综合实证 / 132

8.1 问题的提出 / 132
8.2 研究假设 / 133
8.3 模型构建与变量选取 / 134
8.3.1 模型构建 / 134
8.3.2 变量选取 / 136
8.4 实证分析 / 138
8.4.1 样本选择 / 138
8.4.2 Tobit 综合检验 / 139
8.4.3 $TobinQ$ 检验 / 142
8.5 结论分析 / 143

9 对策建议与结论 / 144

9.1 对策建议 / 144

9.1.1 完善上市公司股利政策的外部治理环境 / 144

9.1.2 继续完善上市公司治理结构 / 145

9.1.3 暂停我国上市公司股息红利个人所得税征收 / 146

9.2 结论 / 150

9.2.1 主要内容与观点 / 150

9.2.2 创新点 / 150

9.2.3 研究的不足与展望 / 151

参考文献 / 153

重要术语索引表 / 158

1 导 论

1.1 研究背景与意义

1.1.1 研究背景与问题提出

良好的投资者回报机制是资本市场得以健康有序发展的重要基石，股利作为最重要的投资回报方式之一，一直颇受各方关注。然而，我国上市公司股利政策的种种异象令各方困惑不已。

党的十八大以来，"健全现代金融体系、多渠道增加居民财产性收入"等重要精神深入人心。证监会在历年强化现金分红政策的基础上，于2013年末推出了《上市公司监管指引第3号——上市公司现金分红》政策，给本应是公司自治行为的股利政策覆盖了"强制色彩"。此后，证监会还不断完善上市公司现金分红监管制度，强化现金分红约束力，加强对投资者特别是中小投资者合法权益的保护。强化现金政策实施多年来，进行现金分红的公司比例由2013年的34.47%提高到2017年的58.41%。2017年上市公司现金分红比例达到78.92%，其中现金红利支付率不低于30%的上市公司占现金分红公司的55.52%。截至2019年3月底，已公布2018年年报的有1138家公司，尽管这些公司的营收和净利润增速均较上年有所下滑，但仍有957家公司拟进行现金分红，占比近九成，分红比例进一步提高。然而，进一步深入挖掘后得知，现金分红的股息率相对较低。以2019年3月29日的收盘价计算，宣布实施现金分红和公积金转增的963家上市公司中，仅有62家股息率超过4%。以2015年为例，上市公司每股现金股利（税前）在0.05元以下的共计680家，在0.5元以下的共1897家，分别占实施现金分红公司数量的34.47%和96.15%，在相对较高的股价水平下，股利收益率对投资者缺乏吸引力。2014—2016年，我国A股上市公司年均现金分红金额占净利润的33.34%，与美国NYSE（62.5%）、德国（59.1%）和法国（57.0%）等境外成熟市场相比仍存在相当大的差距。那么，上市公司实施现金分红到底是迎合了政策要求还是投资者需求？

始于2005年的股权分置改革，使我国股市逐步迈入全流通时代，但原有非流通股的解禁上市使市场压力不断增大，而上市公司居高不下的"圈钱"偏好及股权激励、员工持股计划等都需要有较高且稳定的股价，管理者及大股东的"恶意套现"更需要营造股价持续上涨的氛围。对于以现金红利获取高回报无望的投资者，更是寄希望于二级市场的资本利得。股票股利政策，尤其是高送转政策，虽不能直接增加投资者的现金流入，但常因其作为公司成长性强的表征而变成市场热炒的题材。后股改时代，我国股市的一大景象是高送转政策和重要股东减持并存。2015年，我国A股市场共有701家公司实施了股票股利政策，其中实施"10送转5"以上的有562家，"10送转10"以上的有437家，"10送转30"的有3家，送转股比例近25%，而送转比大于0.5的公司占送转股公司总数的88.87%，创历史纪录。尽管2015年以来，管理层对高送转行为进行了重点监管，但是2017年实施送转分红的上市公司比例仍占17.71%，送转比大于0.5的高送转股公司占送转股公司总数的比例仍高达50.98%。与此同时，2015年下半年至2016年上半年，上市公司共发生管理者及重要股东减持事件4812起。2018年至2019年第一季度，尽管行情整体低迷，但仍然发生高管及重要股东减持事件

4103起,而同期增持的仅有961起,增持金额及股数远不及减持。那么,上市公司实施股票股利政策到底是迎合了管理者及大股东,还是中小投资者的偏好?

2013年出台的《上市公司监管指引第3号——上市公司现金分红》把20%作为现金分红比例的基本门槛,但这个量化指标未能对上市公司形成足够的约束。在此后的三年中,共有618家公司"零分红",其中362家公司累计盈利为正。然而,这个指标也未能代表投资者实际的收益,如2015年中联重科现金分红比例虽为1377.33%,但实际的分配方案却是"10派1.5元(含税)",股利收益率非常低。有意思的是,中联重科的股利政策被媒体大面积解读为"连续16年分红,传递发展信心"。实际上,如此高的现金分红比例是行业景气度下降导致的业绩下滑引起的,手握170.68亿元未分配利润的中联重科也只拿出了11.5亿元进行现金分红。那么,上市公司股利支付额的多寡又是迎合了哪类主体的需求?

股利政策存在"支付与否""支付什么""支付多少"等诸多困惑,对这些困惑的解答需要对股利政策的决策机制进行深层次剖析。然而,关于"为什么支付股利"的问题,自20世纪60年代以来,学术界一直争论不休,以至于成为难解的"股利之谜"。股利政策的研究范式源于Miller和Modigliani(1961)提出的MM理论。他们指出,在完善的市场条件下,股利政策与公司价值不相关。因此,股利政策"有关"与"无关"的争论随即展开,"无关"论与公司巨额股利支付及投资者的强烈反应形成巨大反差,令"股利之谜"一直备受关注,成为公司金融领域最经典也是最热门的研究主题。

股利政策理论围绕MM理论关于完美市场假设的不断放松而演进,诞生了追随者效应论、信号传递论、委托代理论等。各种理论虽诠释了股利政策具有一定的规律性,但都无法完美地解释现实中的股利现象。

Frankfurter 等（1997）对股利政策的总结至今令人印象深刻，他们认为股利政策属于文化现象，受习惯、信念、监督、公众意见、感觉、经济发展环境和其他因素影响，无法采用统一数学模型对所有公司的股利政策进行分析①。

根据股利政策理论最新的演进情况来看，传统理论的缺陷在于侧重研究股利的需求，而忽略了股利的供给。虽然与时下轰轰烈烈的供给侧结构性改革有本质属性的区别，但是从供给的角度审视股利政策决策的动因，可能更有助于接近"股利之谜"的真相。20世纪末兴起的行为金融学也为研究股利政策提供了新的视角，其关于"理性人"假设的放松对股利供给行为的解释尤为重要。Miller（1986）在对股利政策的行为学解释里早有肯定："把行为因素纳入股利政策的解释是应该的，因为它可能有助于解释长期存在的股利异象。"②

Baker 和 Wurgler（2004a，2004b）在解释股利普遍性衰减的"股利消失"现象（Fama and French，2001）时，提出了股利迎合理论，即上市公司的股利政策很大程度上是为了迎合投资者对股利（或股利溢价）的偏好。Li 和 Lie（2006），Aghion 和 Stein（2008），Narayanan 和 Sanjiv（2008），Gerard 和 Nagpurnanand（2008），Baker、Wurgler 和 Yuan（2009），Ben-David 和 Roulstone（2009），Rong Zhao（2009）继续发展了 Baker-Wurgler 模型，以开展股利迎合的实证研究，如利用连续性变量代替离散型变量、考虑投资者股利需求的时变性和公司股权集中度与行业特征等，这些都证实了股利溢价是管理者需要考虑的重要因素，而且股权相对集中的公司管理者更倾向于迎合大股东的需求。Chikashi Tsuji（2010）、Yordying Thanatawee（2012）、Kamal Anouar（2012）分别验证了日本、泰国及欧美多国的股利政策迎合行为，均支持股利迎合

---

① 原红旗. 中国上市公司股利政策分析 [M]. 北京：中国财政经济出版社，2004.
② 黄娟娟. 行为股利政策 [M]. 厦门：厦门大学出版社，2012.

理论。国内学者在股利迎合理论领域的研究广度和深度远不及国外，而且本就不多的实证研究也出现了结论相反的现象。王曼舒和齐寅峰（2005）、黄娟娟和沈艺峰（2007）、于静（2012）等认为，迎合理论不适用于中国，上市公司现金股利政策没有迎合投资者的偏好。熊德华和刘力（2007）、饶育蕾等（2008）、龚慧云（2010）、林川和曹国华（2010）分别从不同股利形式和公司类型的角度进行研究，支持了股利迎合理论。李常青等（2005）认为，股利迎合理论只能解释是否发放股利，而不能解释支付多少股利的问题；饶育蕾等（2008）也困惑于股利达到多少水平才会引起股利溢价。

股利政策失当是中国上市公司长期存在的顽疾之一（汪平等，2012）。陆正飞等（2010）、肖珉（2010）、孔东民和冯曦（2012）、魏志华等（2012）的研究均表明公司治理在股利政策中起到了重要作用，但在行为金融学语境下关注股利行为异象治理的研究仍不够深入。熊德华和刘力（2007）发现股利政策受国家政策的显著影响，Ferris、Jayaraman 和 Sabherwal（2009），于静（2012）指出，规制水平与大股东利益输送呈反向关系。外部治理和公司治理结构是股利供给的重要影响变量，是在股利迎合理论框架下研究我国股利政策问题不可忽视的重要因素。

我国资本市场建设起步晚，股权结构仍相对集中，中小投资者利益保护机制不健全，深受强化分红政策和股权分置改革等多种外部治理因素影响，市场的特殊性注定了股利政策是一种复杂的迎合行为。那么，股利迎合理论对我国上市公司的股利行为的解释力如何？我国上市公司的股利政策到底迎合了谁的需要？该如何优化？本书旨在检验中国特殊市场环境下股利迎合理论的解释力，探究我国股利政策的迎合行为特征、动因及股利异象的治理之道。

1.1.2 研究目的与意义

1. 研究目的

从本质上讲，股利迎合行为是管理者理性应对投资者的非理性偏好。在我国特殊的市场环境下，股利溢价为正时，管理者通过支付股利获取股利溢价，使证券价格偏离其价值。加上随之而来的减持、再融资、股权激励等公司行为，导致大股东、管理者从中受益而中小投资者受损。同时，迎合行为造成市场价格的波动。股利溢价为负时，管理者倾向不支付股利，投资者回报机制被弱化，从而加剧了投资者对资本利得的依赖和追逐，对市场价格的波动亦造成影响。对我国上市公司股利政策迎合行为的研究，一方面，要检验在中国特殊的市场环境下迎合理论的解释力和适用性，这是对"股利之谜"关于"为什么支付""支付多少""怎么支付"等问题的科学探索；另一方面，检验我国上市公司股利政策迎合行为的动因，回答"股利政策迎合了谁的需要，其治理动因是什么"的问题，进而为优化上市公司治理机制，完善投资者回报机制，发挥股利政策的公司治理效应，促进资本市场健康发展提供对策和思路。

2. 研究意义

本书拟结合中国证券市场发展现状，丰富股利迎合行为的内涵，构建基于市场时变性、制度阶段性、股利形式多样性的股利政策迎合行为理论分析框架，用我国上市公司的数据检验强化分红政策背景下上市公司股利政策的迎合特征，比较股权分置改革前后上市公司股利政策迎合行为的变化，对股票股利的迎合行为进行专门研究，并对股票股利与现金股利的选择决策进行综合检验，从迎合理论及公司治理视角探究股利政策迎合行为动因，尝试解释我国上市公司"股利之谜"，提出股利政策行为异象治理的思路和方向,丰富行为股利政策理论研究体系。

针对上市公司股利收益率低、投资者回报机制薄弱的资本市场顽症,本书的研究重在回答以下四个问题。我国上市公司的股利政策究竟迎合了哪类主体的需求?不连续、不稳定和不理性等股利政策异象持续存在的症结在哪里?监管当局不断强化分红的规制有何实施效果?对于股利政策行为异象又该如何治理?获取科学的答案,将有助于解析股利政策行为异象背后蕴藏的本质,为完善上市公司治理结构、优化股利政策规制、规范股利政策行为、缓解股利行为异象、健全投资者回报机制、促进资本市场和社会经济健康发展提供有益的实践指导。

1.2 研究思路与方法

1.2.1 研究思路

本书借鉴 Baker 和 Wurgler 的股利迎合理论及其相应的实证分析方法,结合我国资本市场发展现状,在强化现金分红政策、股权分置改革的背景下,以现金分红和送转两种主要的股利政策形式为研究对象,对股利政策"支付与否""支付多少""支付形式"等问题进行实证分析,并挖掘股利溢价、股利支付意愿及股利支付情况的公司治理因素,以及其他发展特征因素,检验股利迎合理论的适用性及股利异象的成因,并提出相应对策和建议,进而为优化公司治理结构,规范股票分配形式,健全投资者利益保护机制提供有益参考。

第一,结合研究背景归纳研究主题及目的;第二,通过文献综述梳理理论基础,揭示传统理论解释力的不足及股利迎合理论的先进性;第三,总结我国上市公司股利分配的现状及相关的政策,为研究奠定现实基础；第四，构建研究解释框架，即结合股利迎合理论及我国上市公司股利政策特征，归纳股利政策的迎合行为特性及其治理优化机制；第五，对强化现金分红政策、股权分置改革等外部规制影响下的现金分红进行迎合检验，对股权分置改革后不同板块、不同层次的上市公司送转股行为的迎合特征与治理动因进行检验，并对现金分红和送转股进行联合检验，验证迎合理论解释力并找到我国上市公司股利迎合行为的治理缺陷；第六，从监管机构、上市公司管理者与大股东、中小投资者等层面提出股利政策迎合行为治理优化的对策，如图1-1所示。

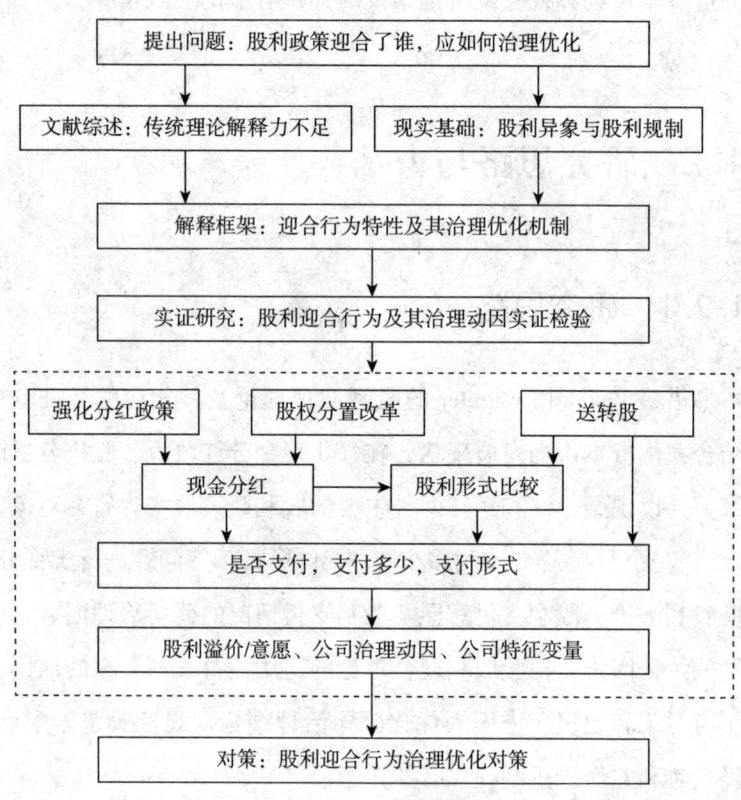

图1-1 研究思路框架

1.2.2 研究方法

本书在研究过程中注重理论推演与现实分析相结合、定性与定量分析相结合、规范与实证分析相结合，对上市公司股利政策的迎合行为及其治理进行研究。在理论分析上，本书以股利政策理论的重要文献为基础，结合我国强化现金分红政策、股票股利政策等外部治理约束和特殊股利形式对股利迎合理论进行推演，结合我国上市公司股利政策及治理的特殊性分析股利政策的迎合特点和决策动因。

本书在强化现金分红政策、股权分置改革、高送转及股利政策的背景下，采用应用计量方法对股利政策迎合行为及其治理因素进行实证分析，计量方法主要采用 Logit 模型、面板数据模型、Tobit 模型。

1. Logit 模型

假设个体只有两种选择，即 $y=1$，或 $y=0$。为了使 y 的预测值介于 $[0,1]$，在给定 x 的情况下，得出 y 的两点分布概率，即

$$\begin{cases} P(y=1 \mid x) = F(x, \beta) \\ P(y=0 \mid x) = 1 - F(x, \beta) \end{cases} \quad (1-1)$$

当 $F(x, \beta)$ 为逻辑分布（Logistic Distribution）的累积分布函数时，即

$$P(y=1 \mid x) = F(x, \beta) = \Lambda(x'\beta) \equiv \frac{\exp(x'\beta)}{1+\exp(x'\beta)} \quad (1-2)$$

该模型为 Logit 模型。式（1-2）中逻辑分布的累积分布函数的图形与标准正态分布的图形比较相似，其密度函数关于原点对称，期望值为 0，方差为 $\pi^2/3$（大于标准正态的方差），具有厚尾（Fat Tails）特征，更接近自由度为 7 的 t 分布。

2. 面板数据模型

本书所用的面板数据为短面板（大 n 小 T），运用的估计策略：假

设个体的回归方程拥有相同的斜率,但可以有不同的截距项,以此捕捉异质性,构建的模型为

$$y_{it} = x'_{it}\beta + z'_i\delta + u_i + \varepsilon_{it}(i = 1, \cdots, n; t = 1, \cdots, T) \quad (1-3)$$

该模型为个体效应模型(Individual-specific Effects Model)。其中,z'_i 是不随时间改变的个体特征($z_{it} = z_i, \forall t$),而 x'_{it} 可随个体和时间改变。扰动项由 ($u_i + \varepsilon_{it}$) 两部分构成,称为复合扰动项,故式(1-3)也称为复合扰动项模型(Error Components Model)。其中,u_i 为代表个体异质性的截距项,是不可观测的随机变量,因而式(1-3)也可称为不可观测效应模型(Unobser ved Effects Model);ε_{it} 为随个体与时间改变的扰动项,并假设其独立同分布,且与 u_i 不相关。

(1)固定效应模型(Fixed Effects Model,FE)。如果 u_i 与某个解释变量相关,则可把式(1-3)称为固定效应模型。对于固定效应模型,运用 OLS 估计是不一致的,故将通过消去 u_i 获得一致估计量。具体做法如下。

将式(1-3)两边对时间取平均可得

$$\bar{y}_i = \bar{x}'_i\beta + z'_i\delta + u_i + \bar{\varepsilon}_i \quad (1-4)$$

将式(1-3)减去式(1-4),得到原模型的离差形式,即

$$y_{it} - \bar{y}_i = (x'_{it} - \bar{x}'_i)\beta + (\varepsilon_{it} - \bar{e}_i) \quad (1-5)$$

令 $\tilde{y}_{it} = y_{it} - \bar{y}_i$,$\tilde{x}_{it} = x'_{it} - \bar{x}'_i$,$\tilde{\varepsilon}_{it} = \varepsilon_{it} - \bar{e}_i$,则

$$\tilde{y}_{it} = \tilde{x}_{it}\beta + \tilde{\varepsilon}_{it} \quad (1-6)$$

在式(1-6)中,由于已将 u_i 消去,如果 $\tilde{\varepsilon}_{it}$ 与 $\tilde{x}_{it}$ 不相关,则可以用 OLS 一致估计 β,称为固定效应估计量(Fixed Effects Estimator),记为 $\hat{\beta}_{FE}$。由于 $\hat{\beta}_{FE}$ 主要使用了每个个体的组内离差信息,因此也称为组内估计量(Within Estimator)。该模型的优势在于即使个体特征 u_i 与解释变量 x_{it} 相关,仍可以得到一致估计。但由于作离差转换时消去了

$z'_i\delta$，故无法估计δ。与此同时，固定效应模型存在扰动项必须与各期解释变量均不相关的较强假设。

（2）随机效应模型。在式（1-3）中，如果u_i与所有解释变量（x'_{it}，z'_i）均不相关，则把式（1-3）称为随机效应模型（Random Effects Model，RE）。由于扰动项由（$u_i + \varepsilon_{it}$）组成，不是球型扰动项，因此OLS估计不是最有效率的。假设不同个体之间的扰动项互不相关，由于u_i的存在，因此同一个体不同时期的扰动项之间存在自相关，即

$$Cov(u_i + \varepsilon_{it}, u_i + \varepsilon_{is}) = \begin{cases} \sigma_u^2, & t \neq s \\ \sigma_u^2 + \sigma_\varepsilon^2, & t = s \end{cases} \quad (1-7)$$

式中，σ_u^2为u_i的方差，不随i变化；σ_ε^2为ε_{it}的方差，不随i和t变化。当$t \neq s$时，其自相关系数为

$$\rho \equiv Corr(u_i + \varepsilon_{it}, u_i + \varepsilon_{is}) = \frac{\sigma_u^2}{\sigma_u^2 + \sigma_\varepsilon^2} \quad (1-8)$$

由式（1-8）可知，同一个体不同时期的扰动项之间的自相关系数ρ不随时间距离（$t-s$）改变，因此随机效应模型也称等相关模型（Equicorrelated Model）。ρ越大，复合扰动项（$u_i + \varepsilon_{it}$）中个体效应部分（u_i）越重要。

由于OLS估计是一致的，且其扰动项为（$u_i + \varepsilon_{it}$），因此可用OLS的残差估计（$\sigma_u^2 + \sigma_\varepsilon^2$）。此外，FE也是一致的，其扰动项为（$\varepsilon_{it} - \bar{\varepsilon}_i$），可用FE的残差估计$\sigma_\varepsilon^2$。然后，使用可行广义最小二乘法（FGLS）估计原模型，得到随机效应估计量（Random Effects Estimator），记为$\hat{\beta}_{RE}$。

（3）豪斯曼检验。处理面板数据面临使用固定效应模型或随机效应模型的选择，为此可通过豪斯曼检验（Hausman，1978）进行判断。提出原假设："$H_0: u_i$与x_{it}，z_i不相关"（随机效应模型为正确模型）。

无论原假设是否成立，FE都是一致的。如果原假设成立，则RE

比 FE 更有效；如果原假设不成立，则 RE 不一致。因此，如果H_0成立，则 FE 与 RE 的估计量将共同收敛为真实参数值，$(\hat{\beta}_{FE} - \hat{\beta}_{RE}) \xrightarrow{P} 0$。反之，二者的差距过大，则倾向于拒绝原假设。

豪斯曼检验的统计量为

$$(\hat{\beta}_{FE} - \hat{\beta}_{RE})' [Var(\hat{\beta}_{FE}) - Var(\hat{\beta}_{RE})]^{-1} (\hat{\beta}_{FE} - \hat{\beta}_{RE}) \xrightarrow{d} X^2(K) \quad (1-9)$$

其中，K 为 $\hat{\beta}_{FE}$ 的维度，即 x'_{it} 中所包含的随时间改变的解释变量个数。如果该统计量大于临界值，则拒绝H_0，选择用固定效应模型。

3. Tobit 模型

本书构建的 Tobit 模型为 Tobit 两部分模型，可分别进行估计（通常假设两部分独立），第一部分的二值选择可用全样本进行 Probit 或 Logit 估计，第二部分可由相应子样本进行 OLS 估计，涉及的具体方法与上述 Logit 模型及面板数据模型一致。

1.3 研究结构与内容

1.3.1 研究结构

根据本书的研究思路与方法，将总体结构分为九个部分，第 1 章为导论，提出问题并介绍本书的研究思路及内容框架；第 2 章和第 3 章分别为文献综述和现实背景分析，为解释框架的构建奠定基础；第 4 章为解释框架，将研究的技术路线清晰化，统领后文的实证研究内容；第 5 至 8 章为实证研究部分，从政策规制、股利形式等视角全面检验股利迎合理论的适用性及股利行为迎合治理动因，并提出相应的治理优化对策；第9章为结论，总结研究的成果、不足，并进行展望。

1.3.2 主要内容

将本书结构进一步展开并细化，得到全书主要内容框架如下。

第1章，导论。结合"股利之谜"中"支付与否""支付多少""支付形式"等问题，对照我国股利政策实际，初步提出问题，即"股利政策迎合了谁的需要"，进一步结合理论研究，将股利政策迎合行为检验及其治理优化的研究主题清晰化。此外，还简要介绍了本书的研究方法与内容框架。

第2章，理论基础与文献综述。按照股利政策理论研究的演进，分别阐述了股利政策无关论及各种现代股利政策理论，揭示了各种理论解释力的缺陷并过渡到行为股利政策理论（尤其是股利迎合理论），总结了股利政策的治理效应，并指出现有研究的不足，并进行拓展。

第3章，我国上市公司股利政策及股利规制的发展演进。本章阐述了上市公司股利政策的一般特征，对我国上市公司的股利分配形式、股利支付率、股利持续性和稳定性等方面进行总结，对影响股利政策的重要规制进行整理分析。

第4章，股利政策迎合行为及其治理的解释框架分析。总结股利迎合理论及其最新研究进展，分析我国上市公司股利政策迎合行为及其治理特性，推演股利迎合理论在我国特殊市场环境下的适用性，对股利迎合理论视角下的公司治理优化机制进行总结。

第5章，强化分红政策视角下上市公司现金分红迎合行为实证。以强化分红政策为重要外部治理因素，考察强化分红政策实施过程中上市公司股利溢价与现金分红意愿的关系，并检验在控制强化分红政策重要时间点及公司特征变量的前提下，股利支付的公司治理影响因素，客观评价强化分红政策对股利行为的影响。

第6章，股权分置改革视角下上市公司现金分红迎合及其治理动因实证。以 2006 年股权分置改革为重要时间节点，考察 2006 年前后各 10 年上市公司现金分红的迎合行为，检验迎合行为的解释力及股权分置改革的影响力，并对比检验股权分置改革前后上市公司现金分红的公司治理影响因素。

第7章，上市公司股票股利政策迎合行为及其治理动因实证。以近年来越来越盛行的送转股行为作为研究对象，借助股利迎合理论检验送转股行为的迎合性，并根据样本的板块特征进一步划分为主板、中小板与创业板等子样本，对股票股利迎合行为进行实证检验，并找到相关公司治理影响因素。

第8章，迎合理论视角下股利政策决策及其治理动因综合实证。针对现金股利和股票股利的选择决策，构建受限因变量模型，检验股票股利相对股利溢价，间接检验迎合理论，并通过进一步的混合面板数据模型检验股利政策决策的公司治理因素及其效果。

第9章，对策建议与结论。根据实证分析成果提出上市公司股利政策迎合行为异象治理的思路，对全书理论与实证分析进行总结。

2 理论基础与文献综述

2.1 非行为股利政策理论

2.1.1 股利政策无关论

在大众的传统认知里,"双鸟在林不如一鸟在手"。股利因可以消除不确定性而受到大众欢迎,股利越高,公司价值越大。经典金融学理论的股利贴现模型支持股利高则公司价值大的观点。Gordon(1959)研究发现,相对于未来不确定性的资本利得,人们更偏好股利。Miller 和 Modigliani(1961)提出了 MM 理论,即在完善的市场环境下,公司价值取决于投资获利能力而不是盈利分配方式,这就是"股利无关论"。显然,股利无关论与现实中监管当局、公司管理者、股东对股利的热切关注均形成了较大反差,但 MM 理论是现代公司金融理论诞生的标志,奠定了股利理论研究的基本范式,其意义在于"无关"与"有关"在长达数十年的论证中,学者逐渐放松 MM 理论的假设条件,从而取得了一系列的成果。Baker 等(2007)在论及行为公司金融的产生时,充分肯定了 MM 理论假设体系及其论证过程。其假设条件主要包含三个方面:完美市场、理性人和确定性。本书依托的股利迎合理论正是因放松了理性人假设而发展起来的。

2.1.2 税差理论

MM 理论在阐述完美市场假设时提到了公司所得和留存收益、股东股利和资本收益均无税收差异。这一假设显然与现实不符，于是很快在研究中被放松。美国税收制度规定，资本利得税率比股利税率低且可以延缓缴税，因此资本利得比股利更具有税收优势。由于存在税差，投资者更偏好资本利得，公司也应少发股利、多留存收益，让投资者获取更多的资本利得。Farrar 和 Selwyn（1967）设定了两种情形：一是公司将所有收益以股利的形式发放给投资者；二是公司不支付股利而是创造资本利得，投资者在税后收益最大化的原则下应偏好资本利得，而公司应采用股票回购的方式对公司收益加以分配。Brennan（1970）提出一个税后资产定价模型：市场有效税率趋于零，股利无关论成立；市场有效税率大于零，公司发放股利会损害投资者利益。然而，Poterba（1987）对比了 1929—1986 年美国股利税率和股利支付变化情况，结果发现，股利支付相对于边际税率的巨大变化来说始终保持相对稳定。Black 和 Scholes（1974），Miller 和 Scholes（1982）对税差理论提出了质疑：如果公司可通过减少股利支付降低股权必要报酬率，那么为什么有些公司仍然保持稳定的股利支付？

2.1.3 追随者效应论

追随者效应论回应了 Black 和 Scholes（1974）及 Miller 和 Scholes（1982）的质疑，继续站在税收的视角对股利政策进行理论解释。因股利税具有不同的边际税率，对不同的投资者产生了不同影响，高收入者因边际税率高而偏好低股利或不支付股利的公司，而养老金等投资者因边际税率低而对高股利支付公司更为偏好。Miller 和 Modigliani（1961）

在论述市场的不完美性时曾提到,年轻人可能因交易费用选择低股利支付公司的股票,退休人员则可能依靠高股利的"收入型"公司股票来维持生活,每个公司都企图以特定股利支付率吸引自身的追随者。Elton 和 Gruber(1970)考察了除息日不同边际税率下投资者的选择:一类投资者卖掉股票获取资本利得,另一类投资者持股获得股利。两类投资者均因为投资收益所得税率低于股利收入所得税率的共识而让股价在除息日达成市场均衡,令除息日前后的股票价差与股利比值等于股东平均边际所得税率,可见边际所得税率与股利收益率显著相关,引证了追随者效应的存在。然而,追随者效应也被很多学者提出质疑:如 Baker 等(2007)发现,股利与股价之间的相关性虽然显著,但方向不尽相同;Kalay(1982)认为,股价变化与股利的关系反映的是交易成本而非投资者长期边际税率,追随者效应的存在还需要更多的证据。

2.1.4 信号传递理论

在 MM 定理的"信息对策假设"被放松后,股利政策发展出了信号传递理论。Lintner(1961)最早发现股利政策蕴含了关于企业前景的信息。Pettit(1972)发现了市场利用股利政策的变动信息对股票进行估值,说明股利政策具有一定的信息含量。Akerlof(1970)、Spence(1974)等信息经济学奠基人阐述了非对称信息的影响,股利政策信号传递理论应运而生,开始摆脱非对称信息假设的束缚。信号传递理论认为,在非对称信息背景下,好公司会付出一定的成本传递自身是好公司的相关信息,这就是信号甄别机制,可以防止逆向选择的发生。Bahttachary(1979),以及 Miller 和 Rock(1985),以及 John 和 Williams(1985)分别从税收及资本市场融资成本、机会成本、股利与利得的个人所得税差异等角度建模,解释管理者将自身掌握的未来发展信息传达给投资者的主动性。在实证检验上,学者对股利信息的具体内容和认识存在分歧，检验结论也不够一致。例如，Manuel 等（1993）、Denis 等（1994）证实了股利信号传递论的存在；而 Lang 和 Liztenberger（1989），Loder 和 Mauer（1992）的研究结论不支持信号模型。

2.1.5 代理成本理论

放松"信息对称"假设后，从公司治理的角度衍生出代理成本理论。Jensen 和 Meckling（1976）认为，股东与管理者是委托人与代理人的关系，委托人为限制代理人谋求私利，必须建立有效的激励机制或监督机制，为此付出的成本就称为代理成本。代理成本除包括激励成本、监督成本外，还应包括剩余损失。Rozeff（1982）首次利用代理成本分析公司股利政策，结果发现股利政策能有效降低代理成本，股利发放与代理成本呈负相关关系，同时股利发放也会导致公司现金流减少，外部融资需求增加，进而增加交易成本。因此，公司在进行股利政策决策时，必须权衡代理成本和交易费用，从而实现总成本的最小化。

Easterbrook（1984）指出，股利政策降低代理成本的效用来自两个方面。一是股东对管理者的监督成本。股权分散的公司，股东对管理者的监督成本比较高。因为在股权分散的情形下，中小股东"搭便车"的可能性增加，监督的力度有所减弱，所以股东对外部监管力量的需求增加。发放股利有利于减少管理者对资金的支配，并通过增加负债经营引入债权人，充实监管力量。二是管理者的风险态度。股东与管理者的风险态度很难达成一致。管理者因考虑职位的稳定性而偏向选择低风险、低收益的投资项目；股东的风险态度则更乐观，一旦投资成功就可获取高收益，而投资失败则与债权人共担风险和损失。债权人希望公司留存收益，降低财务杠杆，增加经营的稳健性；股东希望发放股利，降低债权人侵占股东利益的可能性。因此，股利政策成为公司利益重新分配的博弈均衡。总之，股利政策使公司管理者在资本市场上因加大外部融资而降低公司代理成本，以协调股东与管理者的风险态度偏差。

事实上，股东与管理者的代理冲突在股权集中度较高的市场环境下经常转化为大小股东之间的冲突。Schleifer 和 Vishny（1986）针对美国资本市场股权集中度不断上升的现状，深入分析了大股东和中小股东的代理问题，大股东利益侵占的问题也随即浮出水面。大股东虽可以解决因股权分散导致监督弱化的问题，但也有自身的利益诉求，与中小股东不一致，在获取控制权之后可能采取相关措施转移财富。Maury 和 Pajuste（2002）研究发现，公司股权集中度越高，股利支付率越低，说明大股东采用相关措施转移财富的可能性越大。Gugler 和 Yurtoglu（2003）以德国公司为研究对象，发现第一大股东持股比例与股利支付呈负相关关系。

Jensen（1986）从自由现金流的视角分析了公司投资及管理者与股东的代理问题。管理者有扩大企业规模，甚至超出其合理规模的动机。公司的自由现金流越丰富，管理者与股东在股利政策上的分歧就越突出。自由现金流是指在满足了净现值为正的投资项目的资金需求后所剩的现金流。股东希望管理者拿出现金进行股利支付，因为害怕管理者将资金投资于成本高而收益低的劣质项目，或是盲目、低效的并购扩张。自由现金流大而成长率低，是现金流被浪费在不经济的投资项目上的缘故。支付股利可以减少管理者对自由现金流的支配。Jensen（1986）关于股东与管理者对自由现金流量的控制和分析常被引入股利政策降低代理成本效应的分析中，因为它能直观地解释代理成本的降低机制。

Laporta、Lopez-de-silanes 和 Schleifer（LLS）（1999）对不同国家的代理问题进行研究，结果发现大股东代理问题普遍存在，而且法律保护越不完善，大股东代理问题就越突出。控股股东与管理者合谋，中小股东的利益极易受到侵占。Johnson、Laporta、Lopez–De–Silanes 和 Schleifer（JLLS）（2000）提出了著名的"隧道效应"，即大股东利用其控制权优势产生损害小股东利益的资产和利润转移的行为。La Porta、Lopez-De-Silanes、Shleifer A. 和 Vishny R. W.（LLSV）（2000a）进一步阐述了法律对大股东利益侵占的影响。在对投资者缺乏法律保护的国家，大股东利益侵占发生的可能性和严重性更加突出；而在法律相对完善的国家，大股东利益侵占的成本和难度增加，支付股利成为最理想的利益侵占方式。LLSV（2000b）进一步分析了大股东代理成本对股利政策产生两种不同的影响方式：一是"结果模型"，即大股东因为法律约束的强化做出了支付股利的决策；二是"替代模型"，即大股东发放股利是为了再融资，而不是为了尊重中小股东利益，法律规制则能限制这种行为的发生。因此，关于投资者利益的法律保护机制越完备，大股东支付的股利就越多。

2.2 行为股利政策与股利迎合理论

2.2.1 股利政策行为学研究的兴起

行为经济学家 Kahneman 获得 2002 年诺贝尔经济学奖，标志着心理学对经济行为的影响获得了广泛认可。早期股利政策的行为学解释主要集中在两个方面，即管理者行为和股利平滑、现金股利偏好问题。Lintner（1956）是最早关注股利平滑问题和管理者行为的学者。Baker、Veit 和 Powell（2002）与众多高管进行访谈后发现，高管考虑的是每期股利的变动而非绝对值，股利支付最重要的影响因素是实际支付率对目标预期的偏离。管理者试图调整实际股利支付率并使之趋近目标支付率，股利将因此变得平滑，因为管理者认为股东大多偏好稳定的现金股利支付。Fama 和 Babiak（1968），Benartzi、Michaely 和 Thaler（1997），

Baker 和 Wurgler（2011）相继支持了 Lintner 的模型。

早期行为学研究成果认为，投资者偏好现金股利，公司的股利决策非常重视这一偏好。Shefrin 和 Statman（1984）利用自控理论（the Theory of Self-control）和前景理论（Prospect Theory）分析了投资者偏好现金股利的三个心理动机。首先，基于 Thaler 和 Shefrin（1981）的自控理论，投资者把股利政策当作外在约束机制，以控制自身消费、抑制消费冲动，因此偏好进行现金分红的公司。其次，投资者基于 Kahneman 和 Tversky（1979）的前景理论，对确定的股利、不确定的收入或损失的风险收益评价有差别，对支付现金股利的公司股票产生稳定预期收入感到满意，将资本利得视为额外收入，当股票跌破买价时，可以用现金股利安慰自己，这就是心理账户理论。最后，根据 Thaler（1980）、Kahneman 和 Tversky（1982）提出的后悔厌恶理论，投资者偏好现金股利是因为担心由抛售股票导致的股价上升。Shefrin 和 Thaler（1984）把三种心理动机概括为行为生命周期假说，投资者将当前收入、资产和未来收入作为三个心理账户，不喜欢提前支出未来收入，若公司削减股利则需要提前抛售并消费未来资本利得，因此心理上的厌恶感会降低该类股票的估值。Gurtler 和 Hartmann（2003）构建了股利行为模型，论证了投资者偏好现金股利及股利波动小于盈利波动。

关于行为视角下的股利政策研究发展趋势，Baker、Ruback 和 Wurgler（2004），Baker 和 Wurgler（2006）认为，行为公司金融对股利政策的研究方法主要基于管理者理性而投资者非理性的假设。那么，非理性的投资者是否会影响管理者的股利决策？在代理问题视角下，理性的管理者如何实现自身利益最大化的目标？

2.2.2 股利迎合理论

纵观股利政策发展史，股利异象层出不穷：从 Lintner（1956）发现的股利平滑现象和特殊股利，到20世纪80年代中期的股票回购盛行（Bagwell and Shoven，1989；Allen and Michaely，1995）及 Fama 和 French（2001）发现的"消失的股利"现象。

Fama 和 French（2001）发现，1978—1999年，支付股利的公司比例从67%大幅降至21%。他们指出，股利政策虽受公司规模、盈利能力和投资机会等特征变量影响，但是在控制住公司特征后，量化研究表明公司支付股利的比例及意愿仍然在锐减，这就是"消失的股利"。"消失的股利"异象在其他国家同时存在。例如，Denis 和 Osobov（2008）研究发现，19世纪末美国、加拿大、英国、德国、法国和日本等的上市公司支付股利的比例均呈下降之势。针对"消失的股利"异象，Malcolm Baker 和 Jeffrey Wurgler 提出了股利迎合理论。

股利迎合理论的主要观点：公司股利政策的制定取决于投资者的需求，当投资者愿意支付更高价格（出现股利溢价）买入进行分红公司的股票时，管理者倾向于迎合投资者需求而发放股利；相反，当投资者愿意为不分红的公司付出更高价格时，管理者倾向于不进行分红。股利迎合理论考虑投资者股利偏好受到情绪影响的可能性，管理者进行股利决策的意愿依赖于投资者不断变动的股利需求所造成的股利溢价，管理者和套利交易者都无法消除股利溢价。

股利迎合理论的思想源于对非完善市场下管理者理性与投资者非理性的行为研究。这类文献的主要代表有 Fischer 和 Merton（1984），De Long、Schleifer、Summers 和 Waldmann（1989），Morck、Schleifer 和 Vishny（1990），Blanchard、Rhee 和 Summers（1993），Stein（1996）。投资者非理性假设比较符合 Shefrin（2001）提出的"公司行为财务关心的两类行为障碍"中的"投资者行为错误导致基础价值和市场价值之间的割裂"特征。Shefrin 和 Statman（1984）在分析自控理论、前景理论和后悔理论的基础上，总结了投资者股利偏好行为理论，较好地分析了投资者对股利的非理性偏好及其引致证券市场错误定价的机制。股利迎合理论在此基础上进一步论证：股利是理性管理者对非理性投资者偏好的迎合与满足，管理者理性地制定了针对证券市场错误定价的股利政策。Baker 和 Wurgler（2004a）在构建股利迎合模型时放松了 MM 定理关于完善市场的假设，基于投资者的有限理性和市场的有限套利限制，构建了该理论自身的三个假设条件。

第一，投资者具有异质性，对股利需求各有不同。Baker 和 Wurgler（2004a）认为，投资者事先对股票进行分类后才进行投资决策。例如，根据是否支付股利将股票进行分类并选股投资（Barberis and Schleifer, 2004；Barberis、Shieifer and Wurgler, 2001；Greenwood and Sosner, 2001）。在分类的同时，投资者的偏好也有所变化，并表现出不稳定的特征，经常因承受风险的能力、情绪波动、对公司未来投资机会预期的变化（Shiner, 1984、2000）、税收和交易成本等市场摩擦、其他类型推测的影响（Mullainat han, 2002）、对现金股利的偏好（Thaler and Shefrin, 1981；Shefrin and Statman, 1984）等因素的变化而变化。这些因素都有可能造成投资者对股利的有限理性需求，并进一步对股票进行分类和交易。

第二，有限套利对股价产生影响。如果存在套利机会，那么支付股利公司的股票价格将受到影响，因为套利者可以复制投资组合，找到股利溢价的替代品来消除股利溢价，进而令股利支付与否变得无关紧要。现实中的市场套利机会是有限的，因为套利者难以找到"完美的替代品"以避免暴露于基础风险之下，即便找到"完美的替代品"，也不能完美地消除市场噪声和交易成本。Bake 和 Wurgler（2004a）指出，套利机会的有限性导致股票的错误定价难以被及时纠正。

第三，管理者足够理性地迎合投资者偏好与需求。Baker 和 Wurgler（2004a）分析了三个理由：首先，管理者拥有公司更多内部信息，处于信息优势的一方（Muelbroek，1992；Seyhun，1992；Jenter，2004）；其次，公司内部在决策上拥有更大的自由灵活度，在股价被高估时可以及时增发，扩大股票供给，轻而易举地实现再融资，而外部股东与基金经理因受到套利限制、卖空限制和承受意外风险而不能及时有效地进行交易；最后，在信息披露较规范的情况下，管理者识别错误定价的能力也更为突出，如当市场流动性充沛而且发行公告对股价影响有限时，通常是增发的较好时机（Baker and Stein，2004）。管理者理性的迎合表现为更关注股票在短期内的价格走势（Miller and Rock，1985；Stein，1989；Shleifer and Vishny，1990；Blanchard、Rhee and Summers，1993；Stein，1996）。

Baker and Wurgler（2004a）基于以上三项假设推导了股利迎合理论模型。

假设市场上的投资者可以清晰区分发放股利的公司和没有发放股利的公司，了解公司的股利决策是发或不发，而不是多发或少发。又假设公司发行在外的普通股股数为 Q，在 $t=1$ 阶段，公司股票每股清算价值的分布函数为 $V=F+\varepsilon$，ε 是服从分布 $N(0,1)$ 的误差项。在 $t=0$ 时，公司进行股利支付决策：$d\in(0,1)$。

如果每股股利为 d[①]，那么清算价值将比原来少 $d(1+c)$。c 为股利代价因子，即对股利决策和投资政策的权衡成本。还假设市场上只存在套利者和分类投资者，他们的绝对风险厌恶测度（投资者效用函数二次导数与一次导数之比）$R_a(W)$ 为常数。套利者的风险厌恶测度为

[①] 笔者认为，Baker 和 Wurgler（2004a）在此处的表述语焉不详，甚至有错误。因为，d 既然是股利支付决策的虚拟变量，就不可能再以此符号设为实际的每股股利，否则会导致后文表述失当，即发放股利后清算价值应比原来少 dc，而不是 $d(1+c)$，这也是导致黄娟娟（2012）将套利者对发放股利公司股票清算价值误解为 $(F-c-1)$ 的原因。所幸，Baker 和 Wurgler（2004a）将发放股利公司股票清算价值理解为 $(F-c)$ 是正确的，所以并未导致模型推导上的错误。

2 理论基础与文献综述

$R_a(W) = \gamma^A$，他们对公司清算价值的分布可以准确预期。

$$V = \begin{cases} F & d = 0 \\ F - c & d = 1 \end{cases} \tag{2-1}$$

对分类投资者而言，$R_a(W) = \gamma^c = \gamma$，他们可以对公司清算价值进行有限理性估计。这种有限理性预期表现为对不同特性股票的不同需求，也反映出投资者的有偏估计（高估同类公司）的相关信息（Mullainathan，2002）。从一般观念上看，投资者把不支付股利的公司看作成长型公司，其清算价值为 V^C；把支付股利的公司看作非成长型公司，其清算价值为 V^D，因而对公司清算价值的估计为

$$V = \begin{cases} V^C & d = 0 \\ V^D & d = 1 \end{cases} \tag{2-2}$$

基于上述分析，不同投资者的需求函数为

$$D_0^k = \gamma^k [E(V) - P_0] \tag{2-3}$$

式中，$k = A$ 或 C。对套利投资者而言

$$V = \begin{cases} \gamma^A(F - P_0) & d = 0 \\ \gamma^A(F - c - P_0) & d = 1 \end{cases} \tag{2-4}$$

对分类投资者而言

$$V = \begin{cases} \gamma^c(V^C - P_0) & d = 0 \\ \gamma^c(V^D - P_0) & d = 1 \end{cases} \tag{2-5}$$

因为 $D_0^A + D_0^C = Q$，求解不同类型公司的股价为

$$P_0 = \begin{cases} P_0^D = \dfrac{\gamma}{\gamma + \gamma^A} V^D + \dfrac{\gamma}{\gamma + \gamma^A}(F - c) - \dfrac{Q}{\gamma + \gamma^A} \\ P_0^G = \dfrac{\gamma}{\gamma + \gamma^A} V^C + \dfrac{\gamma}{\gamma + \gamma^A} F - \dfrac{Q}{\gamma + \gamma^A} \end{cases} \tag{2-6}$$

管理者基于这些价格信息进行股利政策决策。假设管理者的风险偏好为中性，关注公司价值及当前股价，并通过股利代价因子 C 影响结

果，对股价和股利代价因子分别设定（1-λ）和λ的权重，管理者的目标函数为

$$\text{Max}(1-\lambda)P_0 + \lambda(-dc) \quad (2-7)$$

发放股利后管理者目标函数增大的基本条件是

$$P_0^D - P_0^G = \frac{\gamma}{\gamma+\gamma^A}(V^D - V^G) + \frac{\gamma}{\gamma+\gamma^A}c \geq \frac{\lambda}{1-\lambda}c \quad (2-8)$$

如果发放股利后价格升高，股利溢价（$P_0^D - P_0^G$）为正数，并且大于发放股利导致的长期成本现值，那么管理者会考虑发放股利，否则不发放股利。

为了让理论更有普适性，Baker和Wurgler（2004a）将模型扩展为不支付股利、投资机会很少且盈余增长速度很低的公司。这类公司特性不突出，吸引不了分类投资者，而只能吸引套利者，因此其需求函数为$D_0^A = Q = \gamma^A(F - P_0)$。同理可证，其股价为

$$P_0^{FD} = F - \frac{Q}{\gamma^A} \quad (2-9)$$

对于该类公司，管理者是否支付股利的决策准则为

$$P_0^D - P_0^{FD} = \frac{\gamma}{\gamma+\gamma^A}\left[V^D - (F - \frac{Q}{\gamma^A})\right] + \frac{\gamma}{\gamma+\gamma^A}c \geq \frac{\lambda}{1-\lambda}c \quad (2-10)$$

股利溢价（$P_0^D - P_0^{FD}$）为正，则考虑发放股利；否则不发放股利。

在对股利溢价的解释力方面，Baker和Wurgler（2004a）认为，其他替代性的股利政策理论不足以解释管理者的迎合行为，即投资者的需求压力造成了股票市场误定价。在某种程度上，支付股利是管理者对市场误定价的理性反应，需要借助个人经验来重新诠释，很难用一个统一的、与迎合理论毫无关联的替代理论去解释。[①]

Baker和Wurgler（2004a）认为，以往的股利政策更多的是关注股

---

① 黄娟娟. 行为股利政策[M]. 厦门：厦门大学出版社，2012.

利的需求方，而忽视了股利的供给方。追随者效应论就是很好的典型，只有在股利供给达到一定的水平时，才会有典型的追随者效应。迎合理论从股利政策决策的角度入手研究，关注的是股利供给，试图论证理性管理者面对有限理性或非理性投资者时的迎合行为。Baker 和 Wurgler（2004a）以市值与账面价值之比的自然对数衡量投资者对公司的投资信念或需求，用支付股利公司与不支付股利公司的市值与账面价值之比的均值的自然对数差来衡量投资者对两类公司投资信念的差别。投资者对支付股利的公司有较强的需求，从而推动股价上涨形成股利溢价，股利溢价与股利支付倾向呈正相关关系。Baker 和 Wurgler（2004b）把迎合理论与"消失的股利"异象联系起来，实证发现了股利支付倾向与股利溢价之间的同向变化关系。此外，他们还发现了当成长型公司（不支付股利）在《纽约时报》中的报道引起投资者情绪高涨时，股利溢价为负，公司倾向于减少股利支付。Subramanian 和 Tanlu（2004）借助生命周期理论研究了公司首次支付与股利溢价的关系，结论支持股利迎合理论。Li 和 Lie（2005）将股利从"是否支付"拓展为"支付多少"，从离散型变量拓展为连续型变量后，股利溢价与股利支付意愿显著相关，同时作为股利替代的股票回购也是如此。

2.3 股利政策的公司治理动因

2.3.1 外部治理因素

Su（2004）基于代理和非对称信息的视角，采用政治成本方法研究发现，政治干预的程度、管理层利益侵占和制度控制影响公司财务决策和股利分配决策。Ferris、Jayaramanb 和 Sabherwal（2009）选取 20 多个国家的样本进行跨国检验发现,在法律体系较完备、对投资者保护较好的情况下,投资者会迫使管理者迎合并赋予支付股利的公司更高的价值,企图间接获得收益回报。此外,大陆法系企业没有出现迎合行为的原因可能包括管理者利用控制权进行私人消费,或对公司权益暂时性误定价进行回应的兴趣不足。熊德华和刘力(2007)发现,股利政策受国家相关政策的显著影响。于静(2012)指出,法治水平与大股东利益输送呈反向关系。

2.3.2 内部治理结构

Chen、Jian 和 Xu(2009)认为,所有权集中程度越高的公司越倾向支付更高的股利。在中国,股利并不单纯用于发放信号和分配自由现金流,而可能成为控制权股东进行利益转移的手段。Wei 和 Xiao(2009)也发现,现金股利水平与非公开流通股份呈显著正相关,而且这种关系的主要驱动因素是法人股东的现金股利偏好。股票股利水平与公开交易股份显著正相关。Lee 和 Xiao(2004)发现,国有占主导的中国公司更倾向支付现金股利,而不是认购配股权利。原红旗(1999,2001)分析了国有控股股东的代理问题,结果发现股权越集中,现金股利派发越明显,股利变成了控股股东转移利润的形式,这和国外的代理分析大相径庭。应展宇(2004)指出,股权分裂乃是中国"股利之谜"最大的成因。唐跃军等(2006)发现,非流通股股东与流通股股东存在严重的利益冲突,非流通股比例大小影响着现金股利"隧道效应"的强度。王化成等(2007)发现,控股股东的性质、所有权与控制权分离的程度、集团控制性质对现金股利的分配有明显的影响。邓建平等(2007)对改制的完整程度与股利支付的关系进行研究,发现非完整改造公司对现金的控制力强,股利支付水平低。虽然陆正飞等(2010)、肖珉(2010)、孔东民和冯曦(2012)、魏志华等(2012)的研究均表明公司治理在股利政策中具有重要作用,但是在行为金融学环境下,关注股利行为异象治理的研究仍不够深入。

2.4 理论与文献述评

2.4.1 非行为股利政策理论解释力的局限性

从"股利无关论"到之后的追随者效应理论、股利信号理论、代理成本理论,至今没有一个学说能够单独、完整地解释整个股利支付之谜(见表 2-1)。

表 2-1 追随者效应理论、股利信号理论、代理成本理论的实证检验情况①

研究文献	追随者效应理论		股利信号理论		代理成本理论	
	接受	拒绝	接受	拒绝	接受	拒绝
Aharony 和 Swary (1980)			✓			
Bernheim 和 Wantz (1995)			✓			✓
Black 和 Scholes (1974)		✓				
Chaplinskyn 和 Seyhun (1990)	✓					
Chen 等 (1990)		✓				
Christie (1994)				✓		✓
Denis 等 (1994)	✓		✓			✓
Dhillon 和 Johnson (1994)					✓	
Downes 和 Heinkel (1982)			✓			
Kao 和 Wu (1994)			✓			
Lakonishok 和 Vermaelen (1986)	✓					

---

① BHATTACHARYYA N. Dividend policy: a review [J]. Managerial fnance, 2007, 33 (1): 4-13.

续表

研究文献	追随者效应理论		股利信号理论		代理成本理论	
	接受	拒绝	接受	拒绝	接受	拒绝
Lang 和 Litzenberger（1989）				✓	✓	
Lewellen 等（1978）		✓				
Litzenberger 和 Ramaswamy（1982）	✓					
Long 等（1994）						✓
Manuel 等（1993）			✓			
Michaely（1991）		✓				
Penman（1983）			✓			
Poterba（1986）			✓			
Sant 和 Cowan（1994）			✓			
Khorana 和 Servaes（1999）					✓	
Yoon 和 Starks（1995）						✓

现实中依然存在不可解释的各种异象：所得税税率变化时，股利决策却没变；如果减少股利支付可以提高公司价值，那么为什么大多数公司仍然维持股利支付。股利信号理论难以回答：股利究竟发送了哪些信号，是有关过去还是未来的信号？股利作为信号比其他成本明显更低的信号传递方式更有优势吗？自由现金流假说难以回答：如果公司股权很分散，那么在投资者发现管理者存在"搭便车"倾向时，有什么机制能够让管理者支付现金？大股东利益侵占假说难以回答：当大股东对小股东利益侵占越来越严重时，股利支付水平的高低；大股东对股利的操纵是不变的吗？法律保护假说难以回答：在同一国家同一法律体系下，为什么公司之间的股利差异很大？随着时间的推移，法律保护水平越来越完善，然而为什么股利支付水平在不同时间有不同的变化方向？这些理论假说的实证检验结果千差万别，甚至相互矛盾。例如，在有关税差理论、追随者效应论、股利信号理论和自由现金流量假说的实证研究结果中，既有许多支持这些理论假说的观点，也有许多反对意见。而在大

股东利益侵占假说中，国别差异明显，对西方成熟市场的研究认为，大股东的侵占反映在控制股利支付上，股权集中度越高，股利支付越低，而在许多对中国的研究中，如 Lee 和 Xiao（2006）、Huang 和 Shen（2011）发现，大股东利益侵占行为则呈现出相反的关系，即股权越集中，股利支付越多。

2.4.2 股利迎合理论的适用性

国内学者在股利迎合理论领域研究的广度和深度远不及国外，而且本就不多的实证研究也出现了结论相反的现象。王曼舒和齐寅峰（2005）、黄娟娟和沈艺峰（2007）、于静（2012）认为迎合理论不适用于中国，上市公司现金股利政策没有迎合投资者的偏好。究其原因，可能是直接沿用 Baker-Wurgler 模型而不加以修正，或是因使用股改前的数据而忽略了股权结构的特殊性所致。熊德华和刘力（2007）、龚慧云（2010）、林川和曹国华（2010）通过研究不同股利形式和公司类型，支持了股利迎合理论。

股利迎合理论在我国的适用性受两方面因素的制约，即我国上市公司特殊的股权结构及证券市场投资者偏好。

一方面，关于股权结构。股利迎合理论诞生于股权相对集中、法律对中小投资者保护较好的美国证券市场。在股权分置改革之前，我国证券市场的股权结构很特殊，非流通股股权高度集中，法律对中小投资者的保护较差，即便在股权分置改革后仍有大量的限售股，在迎合理念和股利溢价的衡量上与前述股利迎合理论有较大差异。

另一方面，关于投资者的股利偏好。股利迎合理论认为，相对于现金股利，投资者更偏好资本利得。我国证券市场股利收益率较低，中小投资者更倾向获取资本利得而非现金股利，这与股利迎合理论有所不同。饶育蕾等（2008）从我国社会公众投资者的角度出发，运用迎合理论研究现金股利需求和上市公司是否发放现金股利之间的关系，发现上市公司现金股利的发放行为表现出对投资者现金股利需求的反向迎合。这种反向迎合可作为投资者对现金股利的一种反应，即由于他们更偏好资本利得，因而对发放现金股利的股票有反向的反应。于静（2012）研究了1998—2010年所有沪深A股的分配方案，进一步细分了不同情况下的迎合效应。结果表明，投资者给予的股利溢价越高，公司发放现金股利的可能性越小，这也呈现出反向迎合效应。

传统非行为股利政策理论虽然不能完整地解释股利政策行为，但是股利政策本来就是公司治理的重要内容，这些理论在公司治理方面的分析可以帮助人们找到股利政策选择的公司治理影响因素。林川（2010）通过实证比较发现，相比代理理论，迎合理论对我国上市公司股利行为更具有解释力，但这并非是两种理论的简单比较，股利政策属于公司治理的范畴，探讨迎合理论的适用性离不开对治理特征的分析。

尽管股利迎合理论在我国的适用性受到一定的制约，但是仍然为股利政策行为解释奠定了基础，亦可在我国特有的资本市场环境下进行创新性拓展应用。Baker、Ruback和Wurgler（2007）认为，行为公司金融对股利决策的研究建立在假设管理者理性而投资者非理性的基础上。沿着管理者理性而投资者非理性的假设，结合我国特殊的政策规制背景、股权结构和股利形式，有很多有趣的问题值得做进一步解答。例如，在历年不断强化的现金分红政策影响下，投资者的股利溢价如何？上市公司的股利支付意愿又如何？现金分红行为是迎合投资者需求还是分红政策的要求？股权分置改革前后，上市公司股权结构的变迁对股利迎合理论的解释力产生了怎样的影响？我国证券市场热衷股票股利（送转股）的行为是否符合股利迎合理论的解释框架？在现金分红和送转股的比较上，股利溢价和股利支付意愿的对比是否可借用迎合理论进行解释？股利政策形式对公司价值有何影响？对于这些问题的解答，本书将在构建解释框架的基础上——进行实证。

2.5 本章小结

本章通过研究股利政策文献，梳理了股利政策理论的发展演进。沿着 MM 理论提出的股利政策无关论，围绕股利政策有关与无关的讨论产生了税差理论、追随者效应论、信号传递理论、代理成本理论等非行为金融视角下的理论流派。

随着行为学研究的兴起，人们的信念和行为偏差被引入股利政策研究，如自我控制、前景理论、后悔厌恶理论等。其中，最有名的是 Baker 和 Wurgler 提出的股利迎合理论。股利迎合理论在假设投资者异质性、套利有限性和管理者理性的基础上，认为管理者能理性地迎合投资者的非理性偏好。当投资者愿意为发放股利公司股票支付更高的价格（产生股利溢价）时，管理者倾向支付股利，反之则相反。

股利政策属于公司治理的重要内容，其公司治理影响因素在迎合理论框架下概莫能外。继"股利无关论"之后的追随者效应理论、股利信号理论、代理成本理论等一系列理论假说，至今没有一个能够单独、完整地解释整个"股利支付之谜"。股利迎合理论在国内的研究结论也不一致，在其被引入我国的适用性上受投资者偏好和股权结构等特殊性问题束缚，非行为股利政策理论数十年的解释力偏差让更多人诉求于行为金融学理论。其中，对股利迎合理论适用性障碍的扫除和分析是创新研究的方向。

3 我国上市公司股利政策及股利规制的发展演进

3.1 股利支付形式与股利政策的一般特征

3.1.1 股利支付的一般形式

股利支付的一般形式有现金股利、股票股利、股票回购和财产股利。最常见的是现金股利,我国证券市场投资者比较偏好股票股利。

1. 现金股利

现金股利也称现金分红,是最常见的股利支付形式,即公司以现金的方式支付股利。现金股利按照支付的数额比例及其稳定性又可进一步细分为以下四种形式:一是正常现金股利,这种股利支付形式一般以季度、半年或一年为支付周期,上市公司希望保持相同频率按时支付;二是正常现金股利加额外股利,这种股利支付形式是上市公司每期支付较低数额的股利,在公司收益较高时支付额外股利,上市公司希望以稳定的股利留住投资者,并使之获得经营效益好时的额外股利;三是特别股利,公司以一次性支付的形式支付股利,不具有连续性和稳定性;四是清偿股利,即公司在清算或缩减股本时将已缴纳股本退还股东的形式。

在股本不变的情形下，现金股利支付会降低每股净资产，提高净资产收益率。

2. 股票股利

股票股利是指将本公司股票当作股利支付给股东的股利支付形式。这种支付形式一般用未分配利润转增股本，但在我国也常用公积金转增股票，即俗称的"送转股"。股票股利有两个目的：一是管理者希望用股票股利留存收益；二是股票股利可以把股票价格降到合理水平，以保持股票的流动性。当公司面临较好机会、成长性较强时，为满足投资需要，可能不是以支付现金股利而是以支付股票股利的形式将利润资本化，以加快自身发展。如果股票价格过高，就会影响股票的流动性，而支付股票股利可以进行股票拆分，使价格回落到中小投资者可接受的范围。股票股利不会导致现金流出，只会导致股东权益结构发生改变，每股收益、每股净资产会下降而净资产收益率不变。

3. 股票回购

股票回购发源于美国，是指以较高价格回购股东手中持有的公司股票，将股利以资本利得的方式支付给股东的股利支付形式。基于资本利得税率与现金股利税率的差异，公司往往以回购的形式帮助投资者规避税制的约束。股票回购作为股利支付形式，与现金股利有所区别：现金股利直接获得股利，而股票回购通过卖出股票获取资本利得以间接获得股利；股票回购赋予了投资者选择权，既可以出售，也可以不出售。

4. 财产股利

财产股利也称实物股利，是指公司以实物的形式进行股利支付。公司在现金流不充沛、库存较大时可能选择财产股利支付形式，但因财产股利较为特殊，一般公司较少采用这种形式。

3.1.2 股利政策的一般特征

股利政策属于公司治理的范畴,是公司治理机制的一种表现形式,常因公司治理模式的不同而有不同表现。在典型的英美公司治理模式和德日公司治理模式下,股利政策具有各自鲜明的特点。

1. 英美公司治理模式下股利政策的一般特征

第一,股利支付率较高。英国、美国等自20世纪50年代以来,其上市公司普遍维持了较高的股利支付率,分别如表3-1、表3-2所示。

表3-1 1958—1998年美国上市公司平均股利支付率① 单位:%

项目	1958—1962年	1963—1967年	1968—1972年	1973—1977年	1978—1982年	1983—1987年	1988—1992年	1993—1998年	平均值
股利支付率	43.27	50.71	47.29	33.95	34.86	40.73	56.86	39.31	43.37

表3-2 1974—1997年不同国家上市公司平均股利支付率、股利收益率比较②

单位:%

项目	法国	德国	日本	英国	美国
股利支付率	45.03	32.53	38.34	57.39	45.84
股利收益率	4.25	2.73	1.30	4.80	3.84

值得注意的是,在英、美国家,现金股利税率相对资本利得税率要高,并且现金股利在支付时就要纳税,而资本利得是在出售时才纳税。为什么英、美国家即使不具有税负优势也还有大量的现金分红?这也许就是股利迎合力量作用的结果。

第二,股利政策相对稳定且支付频繁。英、美国家更符合正常现金

---

① 罗宏. 上市公司现金股利政策与公司治理研究 [M]. 成都:西南财经大学出版社,2008.
② 罗宏. 上市公司现金股利政策与公司治理研究 [M]. 成都:西南财经大学出版社,2008.

股利政策的特点。按照 Lintner（1956）的研究，股利政策受过去股利规模的影响，管理者相信股东会更偏好稳定的股利收益水平。Allen（1992）的调查也发现，公司目标股利支付率最大的影响因素是股东维持股利稳定的意愿及公司每年股利支付情况，而上市公司不会轻易改变股利支付水平。

许多国家的上市公司每年只支付一次股利，而英、美国家上市公司的股利支付通常按季度进行，一年内支付多次股利。

2. 德日公司治理模式下股利政策的一般特征

第一，股利支付率不高，股利收益率相对较低。从表 3-2 可以看出，德国、日本的上市公司在 1974—1997 年的平均股利支付率分别为 32.53% 和 38.34%，相比同期的英国低约 20 个百分点，也明显低于出现"消失的股利"异象的美国。在股利收益率方面，日本的股利收益率仅有 1.30%，而同期的英国和美国要比日本高 2~4 倍。

第二，现金股利稳定性较高。日本的上市公司在现金股利稳定性方面的表现尤其突出，利润减少时不减少股利，利润增加时也不增加股利，维持稳定的股利水平。盈利水平越高的公司，股利支付水平越低，这和我国上市公司具有相似性。相反，因为业绩较差的公司需要维持稳定的每股股利，所以其股利支付率显得较高。

3.2 我国上市公司股利政策的现状及特征

3.2.1 股利政策形式多样，但不分配比例依然较高

我国上市公司常见的两种股利政策支付形式分别是现金分红（派

现）和股票股利（送转）。股票股利一般包含送股和公积金转增，在上市公司股利政策实践中，也经常表现为各种股利形式的组合，如派送转、派送、派转等混合股利支付形式。尽管有多种股利支付形式，但近年来不支付股利的公司的比例依然较大，尤其是不支付现金股利的公司相对较多，如表3-3所示。

表3-3 2008—2019年度我国上市公司股利政策形式

单位：家,%

分红年份	上市公司总数	现金分红公司	现金分红比例	送转公司	送转比例	不分红公司	不分红比例	不派现公司	不派现比例
2019	3738	2865	76.65	329	8.80	897	24.00	873	23.35
2018	3567	2879	80.71	450	12.62	593	16.62	688	19.29
2017	3467	2736	78.92	614	17.71	117	3.37	731	21.08
2016	3034	2299	75.77	492	16.22	243	8.01	735	24.23
2015	2808	1981	70.55	701	24.96	126	4.49	827	29.45
2014	2592	1872	72.22	608	23.46	112	4.32	720	27.78
2013	2468	1825	73.95	460	18.64	183	7.41	643	26.05
2012	2472	1808	73.14	461	18.65	203	8.21	664	26.86
2011	2320	1570	67.67	580	25.00	170	7.33	750	32.33
2010	2041	1260	61.73	568	27.83	213	10.44	781	38.27
2009	1696	940	55.42	348	20.52	408	24.06	756	44.58
2008	1602	850	53.06	263	16.42	489	30.52	752	46.94

资料来源：Wind金融终端。

从2008—2019年度数据来看，随着上市公司数量的增多，进行股利分配的公司数量也随之增多，但不分配股利的公司的比例依然较大，说明上市公司投资者的回报意识还需加强。从分配形式来看，由于受到强化分红政策的影响，采用现金分红（派现）的比例在2012—2019年已经超过70%；但采用送转或派送转形式的也不少，在2017—2019年，随着监管的强化和行情低迷，其比例有所下降。另外，每年采用派送转混合支付方式的公司均超过500家。

3.2.2 现金股利支付率相对较低，送转股比例相对较高

现金股利支付率是指现金分红总额占年度净利润的比例，反映了上市公司分红的强度。近年来，我国上市公司现金股利支付率在强化分红政策的影响下，股利支付率得以不断提高。但从现金分红公司的整体情况来看，分红比例依然不高。与此相对应的是，我国上市公司热衷于支付股票股利，而且近年来除个别年份（2017年）外，高送转股比例居高不下，如表3-4所示。

表3-4 2008—2018年度我国上市公司股利支付率情况

单位：家,%

分红年份	现金分红公司	现金分红不小于30%	占现金分红公司比例	送转公司	送转股不小于0.5股	占送转股比例
2018	2879	1484	51.55	450	325	72.22
2017	2736	1520	55.56	614	313	50.98
2016	2299	1258	54.72	492	376	76.42
2015	1981	1123	56.69	701	623	88.87
2014	1872	1026	54.81	608	487	80.10
2013	1825	1070	58.63	460	337	73.26
2012	1808	1133	62.67	461	333	72.23
2011	1570	811	51.66	580	427	73.62
2010	1260	637	50.56	568	396	69.72
2009	940	501	53.30	348	209	60.06
2008	850	465	54.71	263	136	51.71

资料来源：Wind金融终端。

从2008—2018年度数据来看，虽然有半数以上的现金分红公司的现金分红比例不低于30%，但是实行低现金分红的上市公司仍不在少

数,高现金分红呈下降趋势。实施每股送转 0.5 股以上的高送转公司数量不断提高,在 2015 年达到峰值 88.87%,之后由于监管的强化和行情低迷等因素,呈现降低趋势。

从表 3-5 来看,2009—2015 年各年现金分红股利支付率的算术平均值均较小。除 2012 年外,距离欧美市场 50% 以上的均值相去甚远。同时,最大值、最小值差距较大,标准差所反映的分异离散程度也较大,说明虽然我国上市公司现金分红整体支付率不高,但是差异性却比较大。

表 3-5 2009—2015 年我国上市公司股利支付率描述性统计

项目	2009 年	2010 年	2011 年	2012 年	2013 年	2014 年	2015 年
算术平均/%	36.87	37.57	37.97	64.11	40.59	37.73	38.24
公司数量/家	981	1292	1594	1771	1855	1927	1973
最大值/%	1151.03	1244.65	1760.47	36945.07	2726.09	1115.17	1127.85
最小值/%	(4760.90)	1.33	(47.80)	(139.33)	(179.84)	(953.06)	(386.09)
样本标准差	163.74	43.78	55.07	878.79	85.40	59.12	51.74

资料来源:同花顺 iFinD 资讯。
注:括号表示负数。

2017 年,上市公司净利润总计 33943 亿元,分红总额 11433.49 亿元,股利支付率 33.68%。尽管上市公司的盈利屡创新高,但股利支付率徘徊不前,甚至呈下降趋势。如表 3-6 所示,分行业看,能源、电信服务、公用事业等成熟垄断性行业的全行业股利支付率居前位,最高的能源行业达到 72.86%。在股利支付率相对较低的行业中,有两种分化特征:一是高利润的金融业虽进行了巨额现金分红,但全行业股利支付率仅为 28.30%,为全行业最低;二是工业、信息技术、房地产等行业由于盈利公司比例相对较低,因此其股利支付率也相对较低。

总体而言,各行业分红公司比例较大,盈利公司的分红比例高于平均比例,但股利支付率分化较为显著,实际分红意愿相对较低,分红力度还有待加大。

表3-6 2017年我国上市公司分行业股利支付率

单位：家,%

行业名称	公司总数	盈利公司	分红公司	盈利公司/公司总数	分红公司/盈利公司	盈利公司股利支付率	全行业股利支付率
能源	77	68	50	88.31	73.53	67.80	72.86
材料	561	531	426	94.65	80.23	29.77	32.25
工业	943	886	746	93.96	84.20	27.42	28.65
可选消费	596	554	461	92.95	83.21	36.46	37.96
日常消费	202	179	150	88.61	83.80	48.14	53.13
医疗保健	285	277	250	97.19	90.25	30.83	31.48
金融	82	81	74	98.78	91.36	28.29	28.30
信息技术	561	518	450	92.34	86.87	24.24	32.20
电信服务	4	4	3	100.00	75.00	69.58	69.58
公用事业	106	95	74	89.62	77.89	52.77	60.16
房地产	150	140	114	93.33	81.43	33.01	33.82

3.2.3 股利收益低，现金分红分布不集中

我国上市公司的现金分红数额之低，已经令投资者对现金分红失去应有的偏好。如表3-7所示，1999—2015年每年派现不高于0.05元/股的公司不在少数，而且近三年每年派现不高于0.05元/股的公司占派现公司的比例总体呈上升趋势。每股0.05元的税前分红派现额相比较高的股价而言，股利收益率非常低。而如此低的每股派现额在股利支付率上表现得并不一定低（公司净利润也不高的情况下），同时能满足监管部门对现金分红的监管要求，达到再融资的现金分红比例要求。

表 3-7 1999—2015 年我国上市公司现金股利发放情况统计

单位：家，%

项目	2009 年	2010 年	2011 年	2012 年	2013 年	2014 年	2015 年
≤0.05 元/股的公司	229	253	307	482	587	621	672
派现公司	981	1292	1594	1771	1855	1927	1973
≤0.05 元/股的公司占派现公司比例	23.34	19.58	19.26	27.22	31.64	32.23	34.06

自上市日至 2017 年，我国 3601 家上市公司中未进行过现金分红的公司有 324 家，占比 9%；累计现金分红占累计实现净利润不高于 50%的公司有 3123 家，占比 86.73%；累计现金分红占累计实现净利润不高于 100%的公司有 3450 家，占比 95.81%；累计现金分红占累计实现净利润超过 100%的公司仅有 12 家，占比 0.33%。从各区间数据来看，不分红或少分红的公司占多数。尽管上市公司的盈利比例一直维持在 90%以上，但现金分红并不集中，股利收益率低。

1992—2017 年，我国上市公司现金股利发放总额达到 77853.45 亿元。其中，为数不多的金融业上市公司累计派发了 35760.93 亿元，占比 45.93%。其余行业的上市公司无论是在上市年限上还是在公司数量上，都远远大于金融业上市公司，但分红派现数额非常少。2006—2015 年，我国上市公司 50%的现金股利集中于 8 只个股①，80%的分红由不到 100 家公司完成，比通常意义上的"二八定律"差异更大。从沪、深两市成立至 2015 年，上市公司总计实施 7188 次融资，融资总量达到 94270 亿元，但分红数量少，股利收益率低，上市公司重融资、轻分红的特点还是没有改变。

---

① 工商银行、建设银行、中国石油、中国银行、农业银行、中国石化、交通银行和中国神华等 8 家公司在 2016 年之前的 10 年间合计实现分红 2.69 万亿元，占整个市场的 50%。

3.2.4 股利持续性和稳定性有所改善,但异常股利政策较多

根据以往研究来看,我国上市公司股利政策的持续性和稳定性较差。黄娟娟(2012)对比中美上市公司现金分红情况发现,2000—2005年的6年间,我国连续3年实施现金分红的上市公司不足30%,连续4年实施现金分红的公司不足20%。2000—2006年,连续7年进行现金分红的公司仅有44家,占上市公司的比重不足4%,连续2年进行现金分红的上市公司占上市公司的比重不到50%,而美国的这一比例达90%以上[①]。

如图3-1所示,我国A股市场连续5年实施现金股利政策的公司数量自2009年至2015年增长了2倍,说明上市公司股利政策的持续性和稳定性有所改善,但相比同期上市公司的数量却只占30%左右,仍需继续提升。

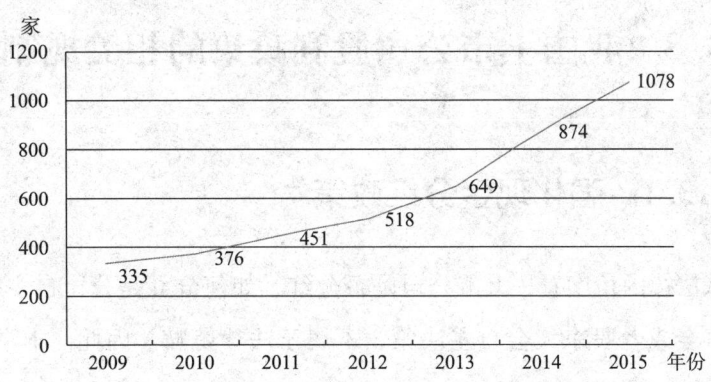

图3-1 2009—2015年连续5年实施现金股利政策的上市公司数量

上市公司在现金分红的持续性和稳定性不断改善的同时,超额分配或不分配等异常现金股利政策也屡见不鲜。2015年,沪、深两市有赛

---

① 黄娟娟. 行为股利政策[M]. 厦门:厦门大学出版社,2012.

象科技等 35 家公司的股利支付率超过 100%。其中，2013—2015 年，赛象科技累计实现净利润 9.12 万元，但 3 年间累计实施现金分红 4958.13 万元；中联重科 2015 年业绩下滑，但实施了每股派现 0.15 元的现金股利政策，分红总额 11.5 亿元，为 2015 年度利润 8346.74 万元的 13.78 倍。与超额分红形成鲜明对比的是，有些上市公司自上市以后分红数额少，低股利或零股利现象比较突出。在 2015 年不进行现金分红的 800 多家上市公司中，有近 90 家在过去 10 年内没有进行过分红，有 30 家公司自上市以来就没有进行过现金分红，被喻为"铁公鸡"。浪莎股份自 1998 年上市至 2018 年仅在 2017 年进行过现金分红，金额为 583 万元；金杯汽车自 1992 年上市至 2018 年共计 26 年未分红；通策医疗 1996 年上市后有两次送转股，从 2016 年开始进行少量现金分红。而在不分红或少分红的上市公司中，金杯汽车、中国天楹、如意集团、金圆股份、英特集团等净利润增长迅速，并非亏损公司。

3.3 我国上市公司股利政策的相关规制

3.3.1 强化现金分红政策

从法律的角度看，上市公司是否分红、如何分红是公司自主行为，由董事会或者股东大会自主决策，不属于法律范畴。因此，本书采用"强化现金分红政策"而非一般文献中的"强制分红政策""半强制分红政策"等表述方式。我国证券市场现金分红总额不仅远远小于总融资规模，而且现金分红数额在各公司的分布极不均衡，加之大股东、机构投资者等市场力量的存在，中小股东实际分到的现金股利比较少。在制度不完善的情形下，上市公司的分红政策无法受到市场有效的约束，需

3 我国上市公司股利政策及股利规制的发展演进

要监管机构对上市公司分红政策进行约束,尤其是在中国上市公司投资者回报意识薄弱的情况下,为了切实保护股东的利益,证监会颁布了一系列强化分红政策,这是强化分红政策产生的根源。

关于强化分红政策发展的阶段性划分,相关学者有不同的标准。丁传武、杨宝(2013)认为,2001年3月28日《上市公司新股发行管理办法》的出台是强化分红政策产生的标志,2004年《关于加强社会公众股股东权益保护的若干规定》的出台令强化分红政策初具雏形,2006年《上市公司证券发行管理办法》的出台则让强化分红政策真正具备量化要求的特征。魏志华、李茂良和李长青(2014)以2006年为界,将强化分红政策划分为前后两个阶段。赵雪飞(2014)依据文件出台的时间将强化分红政策划分为初期、雏形期、量化期、细化期四个阶段,分别以2001年、2004年、2006年、2012年相关文件的出台为标志。

本书结合我国上市公司股利政策的实践及相关政策的具体要求,将强化分红政策划分为三个阶段。第一,1999—2000年的萌芽阶段。以1999年证监会开始对配股进行盈利能力指标限制为起点,到2000年对配股进一步提出补充要求,上市公司的现金分红开始与再融资直接挂钩。正因如此,我国上市公司2000年分红数量相比1999年出现了巨幅增加的现象。第二,自2000—2008年的形成阶段。自2000年起相应出台的8个规制文件对再融资的分红限制进行实质性的约束,并在2008年要求对再融资的现金股利发放比例进行量化。第三,2008年之后的量化成熟阶段。从2008年开始量化后,证监会不断细化指标,发挥对上市公司现金股利发放的决策机制作用,以2013年《上市公司监管指引第3号——上市公司现金分红》作为走向成熟的重要标志。因此,综合各项规制的出台顺序及本书的阶段性划分:2000年、2008年及2013年是强化现金分红政策非常重要的时间点,如表3-8所示。

表 3-8　上市公司强化分红政策规制一览

时间	规制名称	主要内容	强化意义
1999年3月27日	《中国证监会关于上市公司配股工作有关问题的通知》	上市公司配股的条件是：上市超过3个完整会计年度的公司，最近3个完整会计年度的净资产收益率平均值在10%以上；上市不满3个完整会计年度的，按上市后所经历的完整会计年度平均计算；属于农业、能源、原材料、基础设施、高科技等国家重点支持行业的公司，净资产收益率可略低，但不得低于9%；上述指标计算期间内任何一年的净资产收益率不得低于6%	提高了配股所需的财务比率指标门槛要求；由于现金分红可提高净资产收益率，因此更易于满足配股条件；与再融资间接挂钩
2000年3月16日	《关于上市公司配股工作有关问题的补充通知》	公司应在《配股说明书》中增加第五部分，详细说明上市后历年分红派息的情况	现金分红开始与再融资直接挂钩
2001年3月15日	《关于做好上市公司新股发行工作的通知》	上市公司申请配股或增发新股，除应当符合《上市公司新股发行管理办法》的规定外，还应当符合下列条件：经注册会计师核验，公司最近3个会计年度加权平均净资产收益率不低于6%；扣除非经常性损益后的净利润与扣除前的净利润相比，以低者作为加权平均净资产收益率的计算依据；设立不满3个会计年度的，按设立后的会计年度计算	再次提高配股或增发新股对收益率指标方面的要求；实施现金分红有利于指标的符合性
2001年3月28日	《上市公司新股发行管理办法》	担任主承销商的证券公司应当重点关注下列事项，并在尽职调查报告中予以说明：（七）公司最近3年未有分红派息，董事会对于不分配的理由未作出合理解释；（九）公司资金大量闲置，资金存放缺乏安全和有效的控制，或者大量资金用于委托理财	增加承销商的责任

3 我国上市公司股利政策及股利规制的发展演进

续表

时间	规制名称	主要内容	强化意义
2001年5月11日	《证监会发审委关于上市公司新股发行审核工作的指导意见》	发审委应当关注公司最近3年分红派息情况，特别是现金分红占可分配利润的比例，以及董事会不分配的理由	发审委直接关注现金分红，现金分红政策与再融资进行实质性挂钩
2004年12月7日	《关于加强社会公众股股东权益保护的若干规定》	第四条 上市公司应实施积极的利润分配办法。（一）上市公司的利润分配应重视对投资者的合理投资回报。（二）上市公司应当将其利润分配办法载明于公司章程。（三）上市公司董事会未做出现金利润分配预案的，应当在定期报告中披露原因，独立董事应当对此发表独立意见；上市公司最近3年未进行现金利润分配的，不得向社会公众增发新股、发行可转换公司债券或向原有股东配售股份	强化信息披露；现金分红与再融资相挂钩
2004年12月13日	《公开发行证券的公司信息披露内容与格式准则第2号——年度报告的内容与格式》	对于本报告期内盈利但未提出现金分红预案的公司，应当说明原因，同时说明公司未分配利润的用途和使用计划	强化信息披露
2006年5月8日	《上市公司证券发行管理办法》	公开发行证券的条件：最近3年以现金或股票方式累计分配的利润不少于最近3年实现的年均可分配利润的20%。向不特定对象公开募集股份（简称"增发"），除符合本章第一节规定外，还应当符合下列规定：最近3个会计年度加权平均净资产收益率平均不低于6%；扣除非经常性损益后的净利润与扣除前的净利润相比，以低者作为加权平均净资产收益率的计算依据	量化分红指标

续表

时间	规制名称	主要内容	强化意义
2008年10月9日	《关于修改上市公司现金分红若干规定的决定》	允许上市公司不经审计实施半年度分红;上市公司公开发行证券应符合最近3年以现金方式累计分配利润不少于最近3年实现的年均可分配利润的30%;公司应披露前3年现金分红的数额与净利润的比率	强化信息披露;提高分红指标,直接规定以现金进行分红的比例
2012年5月9日	《关于进一步落实上市公司现金分红有关事项的通知》	变更现金分红政策及方案,应当满足规定的条件和程序,并经出席股东大会的股东所持表决权的2/3以上通过;重大资产重组、权益变动或者收购后应详细变更上市公司的现金分红政策及相应的规划安排等信息	完善现金分红的决策机制;强化专业机构的责任
2013年1月7日	《上海证券交易所上市公司现金分红指引》(交易所规则)	设置现金分红的衡量基准,分别将30%和50%作为平均分红和高水平分红的衡量基准。提供固定金额、固定比率、超额股利、剩余股利四种备选分红政策。鼓励上市公司在现金股利之外采取股份回购等方式回报股东;上市公司现金红利与净利润之比不低于50%,且现金红利与净资产之比不低于利润,同时能够预期可以持续的,对涉及再融资、并购重组等市场准入情形给予"绿色通道"待遇及相关支持;鼓励单独或合并持有3%以上股份的股东在股东大会召开前提出临时提案;鼓励单独或合并持有10%以上股份的股东提请召开临时股东大会,提出切实体现中小股东利益的现金分红方案	细化分红机制设计,为现金分红提供详细指引

续表

时间	规制名称	主要内容	强化意义
2013年11月30日	《上市公司监管指引第3号——上市公司现金分红》	第五条 上市公司董事会应当综合考虑所处行业特点、发展阶段、自身经营模式、盈利水平，以及是否有重大资金支出安排等因素，区分下列情形并按照公司章程规定的程序，提出差异化的现金分红政策：（一）公司发展阶段属成熟期且无重大资金支出安排的，进行利润分配时，现金分红在本次利润分配中所占比例最低应达到80%；（二）公司发展阶段属成熟期且有重大资金支出安排的，进行利润分配时，现金分红在本次利润分配中所占比例最低应达到40%；（三）公司发展阶段属成长期且有重大资金支出安排的，进行利润分配时，现金分红在本次利润分配中所占比例最低应达到20%	进一步量化分红指标，完善分红机制

资料来源：根据证监会网站相关资料整理。

3.3.2 股权分置改革与限售股流通

股权分置一直是困扰我国资本市场健康发展的重要问题。早在1999年和2001年，国有股减持试点工作就先后两次启动，但都因方案不太成熟而搁浅，直到2005年股权分置改革才正式启动。

1999年9月，中国共产党第十五届中央委员会第四次全体会议通过了《中共中央关于国有企业改革和发展若干重大问题的决定》，并指出一些信誉好、发展潜力大的国有控股上市公司在不影响国有控股的前提下，适当减持部分国有股。随后有了证监会推动的国有股配售试点方案及中国嘉陵、贵州轮胎等上市公司国有股的配售试点。2001年6月，国务院发布了《减持国有股筹集社会保障资金管理暂行办法》，开始推动国有股减持政策的正式实施，但两次减持试点都因伤及流通股股东利益而告终。

2004年1月,《国务院关于推进资本市场改革开放和稳定发展的若干意见》("国九条")提出积极稳妥地解决股权分置问题。2005年4月,证监会发布《关于上市公司股权分置改革试点有关问题的通知》,股权分置改革试点工作正式启动,4家上市公司率先推出股改方案。2005年5月,中国证券监督管理委员会、国务院国有资产监督管理委员会联合发布《关于做好股权分置改革试点工作的意见》,要求大中型上市公司,特别是国有控股上市公司积极进行股权分置改革,以形成良好的示范效应,给予投资者稳定的改革预期。2005年6月,《关于做好第二批上市公司股权分置改革试点工作有关问题的通知》《国务院国资委关于国有控股上市公司股权分置改革的指导意见》相继出台,第二批40多家上市公司股权分置改革试点启动。

2005年8月,中国证监会、国务院国有资产监督管理委员会、财政部、中国人民银行、商务部五部委联合发布《关于上市公司股权分置改革的指导意见》,之后《上市公司股权分置改革管理办法》《上市公司股权分置改革业务操作指引》《上市公司股权分置改革说明书格式指引》《关于上市公司股权分置改革中国有股股权管理有关问题的通知》《关于上市公司股权分置改革涉及外资管理有关问题的通知》相继出台,使股权分置改革方案不断完善,可操作性不断提高,股改方案快速推进。2005—2008年股权分置改革进程如图3-2所示。

从图3-2可以看出,我国上市公司股权分置改革的推进非常迅速,2006年底之前绝大部分上市公司实施并完成股权分置改革,2007年之后开始或完成股权分置改革的上市公司数量增长非常缓慢。从2005年上半年股权分置改革开始启动至2006年底,1059家上市公司完成股权分置改革计划且股票可复牌交易,至2007年初,绝大部分公司已完成股权分置改革。

3 我国上市公司股利政策及股利规制的发展演进

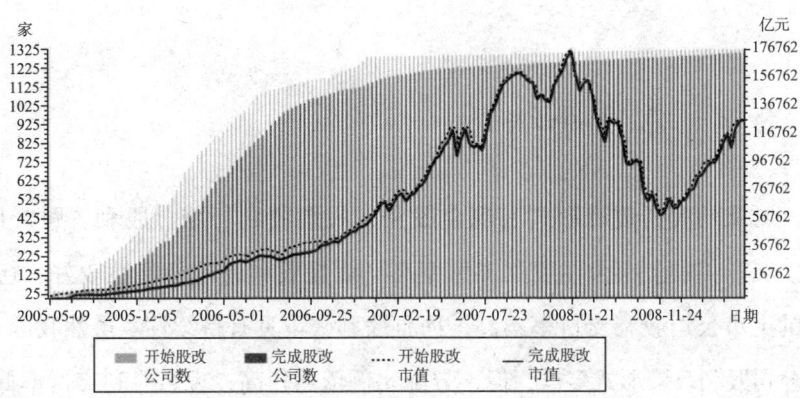

图 3-2　2005—2008 年股权分置改革进程

资料来源：同花顺 iFinD。

经历股权分置改革后，股权分置限售股份、股权分置对价股份因为解禁流通而不断减少，但近年来随着 IPO 产生的首发原股东限售股份、首发机构配售股份，以及定向增发和公开增发机构配售股份、一般股份及配股原股东限售股等不断被解禁，使解禁股份数量节节攀升。

2018 年，流通限售股达到 29590461.90 万股的高峰，市值达到 29258.52 亿元。2019 年，流通限售股虽略微降至 24967666.97 万股，但以 2019 年 4 月 4 日市值计算，达到 34138.49 亿元，创下近 9 年最高纪录。2010—2019 年我国上市公司年度解禁流通市值如图 3-3 所示。

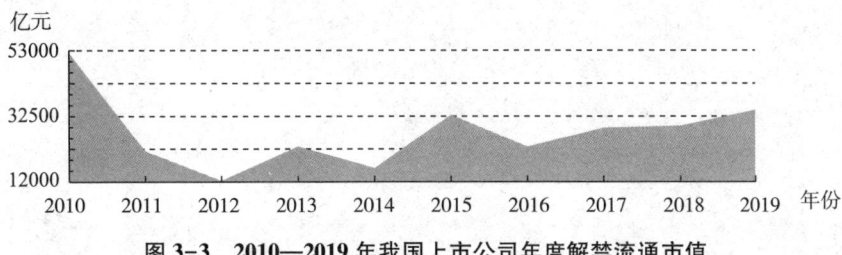

图 3-3　2010—2019 年我国上市公司年度解禁流通市值

数据来源：Wind 数据库，以 2019 年 4 月 4 日市值为基准。

3.4 本章小结

常见的股利政策形式有现金股利、股票股利、综合股利、财产股利。英、美的上市公司股利支付率高,而且股利政策稳定性较好;德、日的上市公司股利支付率不高,而且股利政策具有持续性。虽然我国上市公司股利政策形式多样,但不分配比例依然较高;现金股利支付率低,送转股比例相对较高;股利收益率低,现金分红分布不集中。虽然股利政策的持续性和稳定性有所加强,但是异常股利现象较多。与股利政策相关的政策规制有强化分红政策和股权分置改革,对我国股利政策行为产生了重要影响。

4 股利政策迎合行为及其治理的解释框架分析

4.1 股利迎合理论适用的公司治理模式特征

股利迎合理论起源于对"消失的股利"现象的研究,而大家知道,"消失的股利"主要出现在英国、美国。尽管德国、日本也出现不同程度的"消失的股利",但美国股利下降幅度最大而日本最小。股利迎合理论在与同期出现的信号理论、交易成本理论、流动性理论的解释力竞争中脱颖而出,说明股利迎合理论有其适用的公司治理模式特征,即英美公司治理模式。通过对该治理模式特征进行分析,容易获知股利迎合理论被应用于其他公司治理模式可能存在的问题及改进的方向。

4.1.1 股东至上理念

英美公司治理模式又称市场主导型公司治理模式,是在自由市场环境下股东至上的基本理念和股东主导的治理结构的组合。在股东至上理念的支配下,股东是公司剩余索取权和剩余风险的拥有者与承担者,拥有公司的控制权。管理者服务股东,以追求股东财富最大化为导向。

表 4-1 关于公司利益取向问题的回答占比①　　　　　单位:%

项目	英国	美国	法国	德国	日本
支持股东利益至上	71	76	22	17	3
支持维护所有利益相关者利益	29	24	78	83	97

表 4-1 所示是一份对各国经理人员的调查。结果显示，英国、美国相对法国、德国、日本更注重股东的利益，即便在"经理人应维持红利分配，即使不得不因现金困难而解雇员工"这样的问题上，英国、美国也比法国、德国、日本等更倾向给予支持的答案，这充分反映了其股东至上的理念。正因为如此，英国、美国在股利政策上一贯的表现是股利支付率高、比较稳定，而且支付次数最多。大部分股东有较明显的现金股利偏好，进而才有分类投资者对公司支付股利与否的分类。管理者可根据这种偏好及分类投资行为产生的溢价达成股利支付决策的意愿，满足股利迎合理论的第一大假设（投资者异质性）和第三大假设（管理者理性）的要求。相反，股东至上理念偏弱的法国、德国、日本等，其股利支付率一直维持在相对较低的水平，在股利重要性降低的同时迎合的动机需求也随之减弱。

4.1.2 股权高度分散

股权高度分散是市场主导型公司治理模式的重要特征之一。按照公司治理理论，股权分散会导致监督成本上升，股东与管理者代理成本加大，股东不是积极地参与对管理者的监督，而是倾向对收益的追求，如股利。当收益不尽如人意的时候就选择抛售，即俗称的"用脚投票"，使股利支付率和股利收益率成为衡量公司经营业绩的重要指标。加上英、美公司的资本结构中债权资金比例偏小，股东力量占优，管理者相

---

① 罗宏. 上市公司现金股利政策与公司治理研究 [M]. 成都：西南财经大学出版社，2008.

对遵从股东利益取向进行决策，所以公司盈余大部分被用于支付股利。此外，英国、美国频繁的股利支付保证了股东可以经常获取收益，并以此甄别公司的业绩和管理者的经营能力。股东经常获得股利收入有助于稳定股东情绪，增强股价的稳定性，避免公司被敌意收购。同时，维护管理者在经理人市场的声誉，有助于股东与管理者达成一致的利益取向。股权高度分散及"用脚投票"的威胁令管理者有充分的理性迎合投资者的动机要求，符合股利迎合理论三大假设要求。

4.1.3 市场机制约束

市场主导型公司治理模式依托于发达的市场体系而存在。在市场机制作用下，公司并购、职业经理人市场竞争等因素对经理人形成了较大的约束，使其有足够动力维持较高的股利支付，稳定股东情绪，避免"用脚投票"，进而可以减少公司被敌意收购，树立良好的市场形象。Lintner（1956）提出的稳定股利政策模型获得了较为广泛的认可，说明管理者意识到股利政策的持续性和稳定性是十分重要的。实质上，这与市场机制有直接的关系，管理者惧怕股利下降会给市场传递公司经营业绩欠佳和其能力有限的信号，为公司进一步融资及公司市场形象造成负面影响。基于此，管理者理性迎合的动机就更充分了。

4.1.4 机构投资者强大

市场主导型公司治理模式还有一个重要的特征，即机构投资者是重要的公司治理力量。英国、美国的机构投资者群体发展较为成熟，所持上市公司股份过半，是资本市场重要的投资者。英国、美国的机构投资者对稳定收益的要求经常表现为对公司较高股利支付率和股利收益率的要求，成为股利政策的重要影响力量。因此，机构投资者的发展壮大是股利政策持续稳定的重要原因。

4.2 我国上市公司股利政策迎合与治理的特殊性

4.2.1 上市公司投资者回报意识淡化

我国资本市场建立的初衷是满足国有企业的融资要求,"圈钱"是部分公司谋求上市的最大目的。然而,脱胎于转轨时期的公司常忽视投资者回报,即便获得巨额利润也很少向投资者分红派现,形成了"重融资、轻回报"的资本市场发展顽疾,对资本市场的健康发展造成不良影响。根据同花顺 iFinD 资讯统计,1996 年沪、深两市股息率年度均值仅为 0.66%,虽然在 2015 年上升至 1.36%,但是相比欧美国家 4%左右的水平差距还是太大。同时,相比韩国等新兴市场国家的差距也较大。自 1990 年 A 股市场诞生以来至 2016 年 8 月,融资派现比大于 1 的上市公司仅有 219 家,融资派现比小于 0.1 的上市公司多达 1227 家。2015 年,能源、材料、可选消费、日常消费、公用事业等行业的分红公司占盈利公司比重均在 80%以下,占行业总数的一半。

投资者回报意识淡化使中小投资者从现金分红中获取收益的可能性大大下降。股利回报率低,加上除权除息、缴纳红利所得税以后更是所剩无几,导致现金红利不如资本利得有吸引力。投资者回报意识淡化对投资者产生的最大负面影响在于使之难以产生足够的股利偏好,进而难以形成真正的股利溢价。即便有股利溢价,也可能是出于对公司未来发展良好的信号反应,从而进一步导致上市公司缺乏迎合动机和意愿。即便有迎合动机和意愿,也可能是基于信号传递假说,通过传递信息促成溢价出现。而上市公司分红比例的上升，则是对监管部门强化分红政策的响应和迎合。

4.2.2 上市公司股权结构较为特殊

公司治理本质上是对代理问题的治理，我国上市公司代理问题较为复杂，并不因研究视角的改变而发生改变。转轨经济造成的较大影响是在计划经济转轨改造中，所有者监督机制的缺失导致所有者缺位，管理者对企业实行强有力的控制，从而形成管理者与股东之间较大的内部人控制问题。同时，自公有制改革以来，股权结构上首先是国有股、法人股、流通股并存分置，即使在股权分置改革后股权结构仍相对集中，大股东与中小股东的利益冲突广泛存在。

Jensen 和 Murphy（1990）认为，管理者持股对减少代理问题有较好的效果。因为管理者持股缓解了高层管理者与股东的冲突，建立了有效的激励机制，且与股东有着一致的价值取向。然而，我国上市公司管理者平均持股比例不大，且不稳定，无法形成和投资者一致的价值取向，管理层持股的治理效应较有限，管理者减持股份的行为较普遍。图 4-1 所示为 2009—2016 年 9 月我国上市公司管理者增减持情况统计。

图 4-1 2009—2016 年 9 月我国上市公司管理者增减持情况统计

近年来，我国上市公司管理层减持远比增持要多。在减持问题上，管理者只有通过创造条件使股价上涨才可获得最大的利润。在此情形下，管理者有迎合流通股股东的动机。在股利政策上，如果流通股股东对现金股利没有偏好，那么管理者倾向不支付现金股利，或者倾向迎合流通股股东需求的股票股利（尤其是高送转）。股利迎合虽然与经典股利迎合理论下的现金股利迎合不同，但是迎合行为的本质是一样的。

对比 2015—2016 年的中期财务报告来看，我国上市公司的股权集中度分别为 58.16% 和 58.29%，且全流通的上市公司数量仅为 623 家，对大股东和管理者的约束较为弱化，大股东与小股东力量悬殊，代理问题随之产生。大股东与小股东的代理冲突在我国比较普遍，尤其基于我国实施股权分置改革的现实背景，重要股东因改革后非流通股限售解禁造成的减持现象较为普遍，甚至成为影响证券市场价格波动的重要力量。2009—2016 年 9 月我国上市公司重要股东增减持情况统计如表 4-2、图 4-2 所示。

表 4-2 2009—2016 年 9 月我国上市公司重要股东减持情况统计

时间	总减持数/万股	总减持市值/万元	减持次数/次	涉及股东数/个
2016 年 9 月	1327000.95	20930058.98	4812	2749
2015 年	3814199.71	54569548.90	9893	4934
2014 年	2260637.54	25282941.43	9903	4477
2013 年	1433182.14	16097064.06	8746	3761
2012 年	765871.37	8028070.53	4767	1986
2011 年	662361.94	9092928.42	5056	1877
2010 年	712108.63	9435121.12	4765	1853
2009 年	956308.98	9946098.61	5355	1941

资料来源：同花顺 iFinD 资讯。
注：2016 年数据截至 2016 年 9 月 9 日。

4 股利政策迎合行为及其治理的解释框架分析

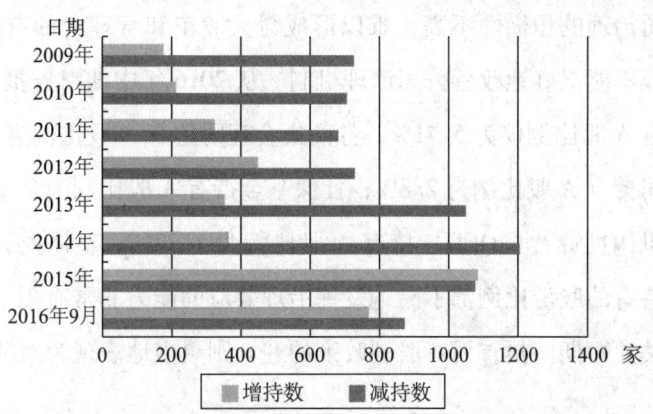

图 4-2 2009—2016 年 9 月我国上市公司重要股东增减持情况统计

2009—2016 年 9 月，我国上市公司重要股东每年都在大量减持股份。2015 年总减持市值近 5457 亿元，为历年之最。重要股东每年减持的公司数量呈上升趋势，2014 年重要股东减持公司数量为 1206 家，而 2009 年重要股东减持公司数量是增持公司数量的 4.11 倍，形成较大反差（除 2015 年由于股市暴跌，上市公司普遍增持以稳定股价之外）。重要股东持有股份比例较大，且持有成本相对较低（股权分置改革遗留问题），在市场景气时如果解除限售将引发较大的抛售套现。为了实现较好的减持价格，股利政策往往被演绎成对中小投资者较有吸引力的形式，表现出特殊的迎合行为特征。因此，我国上市公司特殊的股权结构和市场环境不仅造成了内部人持股治理效应的失效，还产生了较大的大股东与中小股东的代理冲突。

4.2.3 机构持股治理效应缺失

因为英国、美国的资本市场有庞大的机构投资者队伍，所以管理者与股东之间的力量相对制衡，而机构投资者对现金股利的偏好也促使股利政策更加稳定和持续。但我国的机构投资者实力偏弱、持股期限短、参与公司治理的积极性不高，难以形成对大股东和管理者的有效监督，从而导致不能很好地改善公司治理机制。从 2016 年中期财务报告来看，基金持有 A 股比例仅为 5.41%，券商集合理财持有 A 股比例为 2.03%，保险公司持有 A 股比例为 2.8%，社保基金持有 A 股比例为 2.29%，合格境外机构投资者（QFII）持有 A 股比例为 1.77%。整体上，每类机构平均持有的股份比例都不高，发挥治理效应的能力非常有限。机构投资者更关注短期回报，而对股利政策的迎合则更多地表现为对股价上涨的要求。

4.2.4 外部治理条件低效

我国资本市场外部治理的弱化还表现在很多方面。第一，债务融资治理机制弱化，债权人因缺乏健全的债务履行机制，难以对上市公司形成真正有效的约束。第二，类似德国的全能银行制在中国金融分业经营的背景下没有产生的土壤，日本的主办银行制及美国银行业的"状态依存"机制在我国也不存在，债务人的约束机制被弱化。第三，政府在股利政策方面不断强化，不断推进对股权结构的改革，但由强化分红政策引起的股利政策被动迎合并不能有效改善公司治理。股权分置改革后爬坡式的解禁，使大量流通股的出现及减持通过迎合市场溢价得以实现。此外，投资者教育、媒体监督等未能被有效推进，在某种程度上对公司治理和股利政策没有起到有效的监督作用。

4.3 我国上市公司股利政策迎合行为及其治理优化机制

4.3.1 我国上市公司股利政策与治理模式的重要特征

从前文分析的内容来看，我国上市公司股利政策与治理模式的重要特征主要归结为以下三点。

第一，我国上市公司股利政策形式的复杂性。比起欧美市场较为单一的现金股利政策，我国上市公司的股利政策形式复杂多样。研究股利迎合行为，至少要考虑现金股利和股票股利（送转股）两种主要的股利政策形式，进而在股利溢价、股利支付意愿等变量定义和模型推演方面，将经典股利迎合理论中国化。

第二，我国上市公司治理模式的特殊性。经典的公司治理模式主要分为英美模式和德日模式。显然，股利迎合理论主要诞生于英美治理模式背景下的现金股利迎合行为。然而，我国上市公司与其他国家上市公司相比，在治理理念、股权结构、市场环境等方面均存在较大差异。同时，我国上市公司治理模式也不具备德日模式下的内部人持股、法人交叉持股及债权人治理等有效机制。股利政策作为公司治理的重要内容和外化形式，必然有中国的烙印及其特殊的公司治理特性，这些都将成为影响股利决策的重要动因。

第三，我国上市公司股利政策的外部治理约束性。基于计划经济向市场经济转轨的特征，我国上市公司股利政策受外部因素影响较大。与再融资相联系的强化现金分红政策历经十几年的发展，在不同试点不断强化完善,已逐渐发展成为上市公司差异化分红机制的重要指引。股权分置改革对上市公司股权结构及股权流动性的影响也是巨大的、长期的。诸如此类的外部治理约束会对上市公司股利政策的决策行为产生重要影响,这也是研究股利迎合行为不可忽视的。

4.3.2 强化分红政策视角下上市公司现金分红迎合机制

根据经典股利迎合理论,假设投资者异质、套利有限及管理者理性。同时假设市场上的投资者可以依据股利支付情况对上市公司进行分类,可以清晰地了解公司的股利决策是支付还是不支付,并进行归类。设公司发行在外的普通股数为 Q。$t=1$ 时,公司每股清算价值的分布函数为 $V=F+\varepsilon$,ε 是服从分布 $N(0,1)$ 的误差项。$t=0$ 时,公司进行股利支付决策:$d \in (0,1)$。

如果每股股利为 d[①],清算价值将比原来少 $d(1+c_i)$。$d=1$ 时,$c_i = c_1$;$d=0$ 时,$c_i = c_2$。c_1 为股利代价因子,即对股利决策和投资政策的权衡成本;c_2 为非股利代价因子,即强化分红政策成本,从而不遵循分红政策,拒绝分红付出的代价(设这种对市场形象受损及再融资受限的隐性代价可衡量)。依然设市场上只存在套利者(Arbitrageur)和分类投资者(Category Investor),他们的绝对风险厌恶测度(投资者效用函数二次导数与一次导数之比)$R_a(W)$ 为常数。套利者的风险厌恶测度 $R_a(W) = \gamma^A$,他们对公司清算价值的分布可进行准确预期。

$$V = \begin{cases} F - c_2 d = 0 \\ F - c_1 d = 1 \end{cases} \quad (4-1)$$

对分类投资者而言,$R_a(W) = \gamma^c = \gamma$,他们对公司清算价值进行有

---

① 沿用第 2 章的理解。

限理性估计,并表现为对不同特性股票的不同需求,也反映出投资者的有偏估计(高估同类公司)的相关信息(Mullainat-han,2002)。将不支付股利的公司清算价值记为 V^C,支付股利的公司清算价值记为 V^D,因而对公司清算价值的估计为

$$V = \begin{cases} V^C & d = 0 \\ V^D & d = 1 \end{cases} \quad (4-2)$$

基于上述分析,不同投资者的需求函数为

$$D_0^k = \gamma^k [E(V) - P_0] \quad (4-3)$$

式中,$k = A$ 或 C。对套利投资者而言

$$V = \begin{cases} \gamma^A (F - c_2 - P_0) & d = 0 \\ \gamma^A (F - c_1 - P_0) & d = 1 \end{cases} \quad (4-4)$$

对分类投资者而言

$$V = \begin{cases} \gamma^C (V^C - P_0) & d = 0 \\ \gamma^C (V^D - P_0) & d = 1 \end{cases} \quad (4-5)$$

因为 $D_0^A + D_0^C = Q$,求解不同类型公司的股价为

$$P_0 = \begin{cases} P_0^D = \dfrac{\gamma}{\gamma + \gamma^A} V^D + \dfrac{\gamma}{\gamma + \gamma^A}(F - c_1) - \dfrac{Q}{\gamma + \gamma^A} \\ P_0^C = \dfrac{\gamma}{\gamma + \gamma^A} V^C + \dfrac{\gamma}{\gamma + \gamma^A}(F - c_2) - \dfrac{Q}{\gamma + \gamma^A} \end{cases} \quad (4-6)$$

管理者基于这些价格信息进行股利政策决策。设管理者对风险持中性态度,关注公司价值及当前股价,并通过影响股利代价因子 c_1 或非股利代价因子 c_2 改变结果,对股价和(非)股利代价因子分别设定($1-\lambda$)和 λ 的权重,管理者的目标函数为

$$\text{Max} \ (1-\lambda) P_0 + \lambda [-f(d, c_i)] \quad (4-7)$$

发放股利后,管理者目标函数增大的基本条件是

$$P_0^D - P_0^G = \frac{\gamma}{\gamma + \gamma^A}(V^D - V^G) + \frac{\gamma}{\gamma + \gamma^A}(c_2 - c_1) \geqslant \frac{\lambda}{1-\lambda}(c_2 - c_1)$$

(4-8)

如果支付股利后价格升高，股利溢价（$P_0^D - P_0^G$）为正数，即大于发放股利导致的长期成本现值，那么管理者会考虑发放股利。否则，不发放股利。

4.3.3 上市公司股票股利的迎合机制分析

同样地，在投资者异质、套利有限及管理者理性的假设框架下，假设市场上投资者根据股利支付情况对上市公司进行分类，可以清晰地了解公司的股利决策是支付还是不支付，并进行归类。设公司发行在外的普通股数为 Q。$t=1$ 时，公司每股清算价值的分布函数为 $V=F+\varepsilon$，ε 是服从分布 $N(0,1)$ 的误差项。$t=0$ 时，公司进行股利支付决策：$d \in (0,1)$。

如果每股股利为 q，则每股清算价值将比原来少 $d(\frac{q}{1+q})F$。依然设市场上只存在套利者和分类投资者，他们的绝对风险厌恶测度（投资者效用函数二次导数与一次导数之比）$R_a(W)$ 为常数。套利者的风险厌恶测度 $R_a(W) = \gamma^A$，他们对公司清算价值的分布可进行准确预期

$$V = \begin{cases} F & d=0 \\ F/(1+q) & d=1 \end{cases}$$

(4-9)

对分类投资者而言 $R_a(W) = \gamma^c = \gamma$，他们对公司清算价值进行有限理性估计，并表现为对不同特性股票的不同需求，也反映出投资者的有偏估计（高估同类公司）的相关信息（Mullainat-han，2002）。把不支付股利的公司清算价值记为 V^G，支付股利的公司清算价值记为 V^D，因而对公司清算价值的估计为

$$V = \begin{cases} V^C d = 0 \\ V^D/(1+q)d = 1 \end{cases} \tag{4-10}$$

基于上述分析,不同投资者的需求函数为

$$D_0^k = \gamma^k [E(V) - P_0] \tag{4-11}$$

式中,$k=A$ 或 C。对套利投资者而言

$$V = \begin{cases} \gamma^A (F - P_0)d = 0 \\ \gamma^A [F/(1+q) - P_0]d = 1 \end{cases} \tag{4-12}$$

对分类投资者而言

$$V = \begin{cases} \gamma^c (V^C - P_0)d = 0 \\ \gamma^c [V^D/(1+q) - P_0]d = 1 \end{cases} \tag{4-13}$$

因为 $D_0^A + D_0^C = Q(1+dq)$,求解不同类型公司的股价为

$$P_0 = \begin{cases} P_0^D = \dfrac{\gamma}{\gamma + \gamma^A} V^D/(1+q) + \dfrac{\gamma}{\gamma + \gamma^A} F/(1+q) - \dfrac{Q(1+q)}{\gamma + \gamma^A} \\ P_0^G = \dfrac{\gamma}{\gamma + \gamma^A} V^C + \dfrac{\gamma}{\gamma + \gamma^A} F - \dfrac{Q}{\gamma + \gamma^A} \end{cases}$$

$$\tag{4-14}$$

管理者基于这些价格信息进行股利政策决策。设管理者对风险持中性态度,关注公司价值及当前股价,并通过送转股比例 q 改变结果,对股价和每股清算价值变化分别设定 $(1-\lambda)$ 和 λ 的权重,管理者的目标函数为

$$\text{Max } (1-\lambda)f(d, 1+q)P_0 + \lambda\{-f[d, qF/(1+q)]\}$$

$$\tag{4-15}$$

发放股利后,管理者目标函数增大的基本条件是 $P_0^D(1+q) - P_0^G \geq 0$,即

$$\dfrac{\gamma}{\gamma + \gamma^A}(V^D - V^C) + \dfrac{1}{\gamma + \gamma^A}Qq(1+2q) \geq \dfrac{\lambda}{1-\lambda}qF/(1+q)$$

$$\tag{4-16}$$

如果支付股利后价格升高，股利溢价（$P_0^D - P_0^C$）为正数，即大于发放股利导致的清算价值现值减少额，那么管理者会考虑发放股利。否则，不发放股利。

4.3.4 上市公司股利政策治理效应优化机制

本节分别分析了在强化现金分红政策、股票股利政策条件下股利政策迎合行为的基本条件，在理论上解释了股利迎合理论虽然诞生于成熟的英美资本市场，但是也适用于我国特殊的转轨资本市场。本书后续内容将围绕我国特殊的资本市场条件，针对强化分红、股权分置改革、高送转股利政策偏好、综合股利决策等情形展开实证研究，验证股利政策的迎合特征和治理动因，为优化股利政策治理效应奠定基础。

基于我国国情，类似德国的主办银行制和日本的法人稳定交叉持股在分业经营及股权分置改革的背景下是不可能存在的。但是，上市公司股利政策的公司治理效应有望通过市场化改革的推进不断被优化。通过不断完善强化分红政策，使上市公司逐渐培养和强化投资者回报意识。根据公司所处的生命周期实施差别化的现金分红政策，使投资者获取合理回报，降低股东与管理者之间的代理冲突，优化公司治理机制。通过股权分置改革，不断优化上市公司股权结构，提高股票流通性，优化"用脚投票"机制和优胜劣汰机制。这样不仅可以改善大股东和中小股东的地位，还可以强化市场对管理层和大股东的监管。通过不断完善外部市场治理条件，在利益相关者治理框架下提升公司治理水平，健全投资者回报机制，稳定资本市场。

4.4 本章小结

股利政策迎合理论在英美公司治理模式和环境中产生，公司信奉股东至上理念，股权高度分散、市场机制较为完善、机构投资者比较强大。我国上市公司的投资者回报意识淡化，股权结构较为特殊，机构持股治理效应缺失，外部治理条件低效，其自身也具有复杂性。

基于外部治理、股权结构和股利形式等方面的特殊性，我国上市公司在强化分红政策和股票股利形式下也具有股利迎合的行为机制。因此，上市公司可以在迎合理论框架下进行研究，并通过市场化改革，不断强化分红政策，推进股权分置改革，提高公司治理效率。

5 强化分红政策视角下上市公司现金分红迎合行为实证

5.1 问题的提出

尽管经历了"消失的股利"之谜,但西方发达国家上市公司的股利支付率仍较高,现金分红依然成为市场留住投资者的重要手段。

我国上市公司的股利政策一直饱受诟病,原因是现金分红一直未能成为投资者回报的主要方式。自 1990 年沪、深两市成立至 2019 年 3 月,上市公司现金分红占融资总额的比重为 60.28%,而这一比率在强化分红政策推出之前的 2000 年仅为 22.65%。2015 年,我国上市公司股利支付率为 33.67%,远低于 MSCI 指数样本股的水平。虽然上市公司现金分红比率高达 70%,但是依然有 877 家公司未实施现金分红。现金分红最高的 10 家公司的分红额占全体上市公司分红总额的比重高达 36.25%;现金分红最低的 100 家公司的分红额占全体上市公司分红总额的 0.05%,大多数上市公司的现金分红并未对投资者产生足够的吸引力。①

为了强化上市公司回报股东意识及投资者权益保护意识,中国 A 股市场开始学习巴西、希腊、土耳其等的新兴市场经验。自 2001 年起,

---

① 根据同花顺 iFinD 金融数据库整理得出。

5 强化分红政策视角下上市公司现金分红迎合行为实证

我国推出系列强化现金分红政策，从 2001 年与再融资挂钩到 2008 年量化现金分红指标，再到 2013 年完善现金分红机制设计，带动现金分红上市公司的比例从不到 30%提高到 70%以上。

现金分红上市公司比例的提高与上市公司分红比率形成了较大反差。与此相对应的是，国内学者对强化分红政策也开始反思。李常青、魏志华、吴世农（2010）发现，投资者对强化分红政策呈现出"预期—失望"的反应过程，而且存在未能对理应分红的公司予以约束，却束缚本应减少分红的公司的"监管悖论"。陈云玲（2014）发现，强化分红政策虽显著提高了上市公司的分红意愿和分红水平，但大幅派现后常伴有再融资行为，对投资者回报的保护效果有限。强国令（2014）经实证研究发现，强化分红政策导致"边大比例分红、边再融资"的大量虚假融资公司的出现，其本质是满足控股股东套现和融资"圈钱"的掏空行为。魏志华、李茂良、李常青（2014）发现，强化分红政策有"负向激励"作用，导致高派现能力公司的低现金股利支付，难以约束长期盈利公司的不派现行为。由此来看，强化分红政策下的现金分红并不一定意味着是对普通投资者需求的迎合，更可能是对大股东掏空行为及管理层再融资约束的迎合。尚福林、郭树清等历任证监会主席在任期内虽不断强化分红政策，但因政策效果与预期存在差距，管理层已开始考虑将现金股利政策与再融资脱钩①。

基于对 Fama 和 French（2001）提出的"消失的股利"进行解释，Baker 和 Wurgler（2004a）及 Li 和 Lie（2006）发展的股利迎合理论认为，管理者在进行股利供给时，可以理性地迎合投资者不同的股利需求。那么，股利迎合理论是否适用于解释我国上市公司的现金分红行为？具体地，作为股利政策制定者的管理者是否存在迎合股东的现金分

---

① 2015 年，在上市公司投资者保护论坛上，证监会上市公司监管部副主任赵立新表示，强制、半强制的现金分红政策有待改进，释放出强化分红政策松动的信号。

红行为？迎合的是大股东还是中小股东的需求？诚然，股利政策是公司治理范畴内的自治行为，但在社会利益相关者的治理观念下，监管层是不可或缺的治理主体，现金分红行为是否迎合了其强化分红政策？在政策不断强化的视角下，现金分红的有与无、多与少各有怎样的迎合特征？对这些问题的解答，于我国上市公司股利政策的规范与治理改善而言，不无裨益。

5.2 文献回顾与研究假设

5.2.1 文献回顾

Baker 和 Wurgler（2004a）是股利迎合理论的开创者。他们认为，管理者支付股利的动因是追求股利溢价，当投资者因股利偏好而愿意支付股利溢价时，管理者决定支付股利；否则不支付股利，表现出管理者对投资者需求的迎合。Baker 和 Wurgler（2004b）还进一步验证了股利支付倾向与股利迎合动机带动的同向变化关系。Li 和 Lie（2006）认为，"支付多少"比"是否支付"更为常见，把股利支付从离散型变量拓展为连续型变量。除了美国市场外，Neves、Elisabete Torre 和 Chabela de la（2006），Kim Injoong、Kim Taekyu（2013），Rashid Mamunur、Mat Nor Fauzias 和 Ibrahim Izani（2013），Ramadan 和 Imad Zeyad（2015）分别验证了股利迎合理论对欧元区、韩国、马来西亚、约旦等的上市公司现金分红行为解释的有效性。

饶育蕾、李湘平（2005），饶育蕾、贺曦和李湘平（2008）较早地发现了我国投资者对现金股利的需求表现为股利折价，并对上市公司股利政策产生重要影响。熊德华和刘力（2007）发现，迎合理论对中国上市公司股利政策具有较强的解释能力。黄娟娟、沈艺峰（2007）发现，在股权高度集中的背景下，上市公司股利政策迎合了大股东的需求而忽略了广大中小股东的股利偏好。林川、曹国华（2010）验证了我国中小板上市公司的现金股利迎合行为。

周平（2015）研究发现，2008年强化分红政策实施后，部分上市公司为了获得再融资机会而操纵股利，刻意迎合政策条件，并造成了融资成本的上升。于瑾等（2013）发现，在萧条的市场中，强化分红政策虽迎合了投资者的短期需求，但仅具有短期合理性。支晓强等（2014）从投资者特征的角度研究发现，只有低换手率、非博彩型、过去投资盈利的投资者才更偏好高现金股利。因此，管理层应减少对公司决策的干预，而应更注重对投资人行为的调节。

综观现有研究，股利迎合理论对很多国家和地区的股利政策具有解释力。而我国关于股利迎合理论解释力的论证则存在一定的分歧。尤其是强化分红政策的推出和实施是一个不断完善的过程，只有在不同的时间点开展有针对性的研究，才有可能获得股利迎合理论到底是迎合投资者需求，还是迎合强化分红政策需求的客观结论。此外，对市场股权结构特征导致的投资者异质性，以及因此产生的股利政策治理效应的研究也较少涉及。

5.2.2 研究假设

股利政策属于公司的自治行为，在法律关系上不存在强制含义。当前，在很多文献中所指的强制分红或半强制分红政策，是我国监管部门自1999年起推出的一系列旨在推动上市公司进行现金分红的政策，本书基于法理的判断将其冠以"强化分红政策"之名。1999年及次年3月，中国证监会相继发布《中国证监会关于上市公司配股工作有关问题的通知》，及《关于上市公司配股工作有关问题的补充通知》对上市公司近3年的净资产收益率指标提出了量化要求，并要求对分红派息情况予以说明，这既是强化分红政策的开端，也推动了我国上市公司2000年现金分红的大量出现。2001年3月，证监会相继出台了《关于做好上市公司新股发行工作的通知》《上市公司新股发行管理办法》，规定新股发行要有净资产收益率不低于6%的门槛要求，而且承销商须关注近3年未分红情况并加以说明。2001年5月，印发的《中国证监会股票发行审核委员会关于上市公司新股发行审核工作的指导意见》指出，发审委应关注近3年分红派息及其比例水平，开始将融资与分红进行实质性挂钩。2004年12月，《关于加强社会公众股股东权益保护的若干规定》明确指出，上市公司最近3年未进行现金利润分配的，不得向社会公众增发新股、发行可转换公司债券或向原有股东配售股份，现金分红开始与再融资直接挂钩。2006年5月，《上市公司证券发行管理办法》规定，上市公司公开发行证券应符合最近3年以现金或股票方式累计分配的利润不少于最近3年实现的年均可分配利润的20%，这使分红量化指标成为（再）融资条件。2008年10月，《关于修改上市公司现金分红若干规定的决定》将公开发行证券的分红形式限于现金分红，最近3年累计分配利润比例不少于最近3年实现的年均可分配利润的30%，进一步提高现金分红的条件和要求。2013年1月，《上海证券交易所上市公司现金分红指引》（交易所规则）将30%和50%分别作为平均现金分红和高现金分红水平的衡量基准，高现金分红水平可获得再融资、并购重组等市场准入方面的"绿色通道"待遇及支持。2013年11月，《上市公司监管指引第3号——上市公司现金分红》设置了差异化分红机制，公司处于成熟期且无重大资金支出安排的，现金分红在本次利润分配中所占比例最低应达到80%；处于成熟期且有重大资金支出安排的，现金分红比例最低应达到40%；处于成长期且有重大资金支出安排的，现金分红比例最低应达到20%。尽管还有其他强化分红政策，但

5 强化分红政策视角下上市公司现金分红迎合行为实证

其真正形成的时间是 2000 年,引入量化约束的两个重要时间点是 2008 年和 2013 年。2008 年,上市公司再融资开始受到严格的现金分红限制;自 2013 年起开始设定高分红水平的标准,并对再融资产生实质性的影响。因此,研究现金分红迎合行为必须考虑重要时间点的影响作用及现金分红的时变性。

Baker 和 Wurgler(2004b)在开展股利迎合理论实证研究时,以股权颇为分散、投资者利益保护机制较为完善的美国市场为对象,只考虑现金分红有无而不考虑其多寡,更没有考虑流通股权比例及公司股权结构。经历股权分置改革后,我国 A 股市场流通股比例已由 2006 年末的 26.5%提高至 2016 年 8 月的 84.7%[1],但上市公司股权集中度依然很高,第一大股东持股比例(加权平均)高达 41.4%,前十大流通股股东持股比例(加权平均)为 73.1%[2],特殊的流动性及股权结构势必影响公司的现金分红。尽管流通股比例不断提高,但大股东往往通过影响股利政策进行套现或资金转移,管理者制定的股利政策往往也是迎合大股东对现金股利的偏好。由此来看,我国特殊的上市公司股权结构造就了富有异质性的中小股东和大股东,他们可能在股利需求上存在分歧,进而对股利迎合行为构成影响。

基于以上分析,本章拟提出如下假设。

H_1:上市公司现金分红迎合了强化分红政策的要求。

H_2:上市公司现金分红迎合了投资者的偏好。

---

[1] 根据同花顺 iFinD 金融数据库整理。
[2] 根据 Wind 资讯数据整理。

5.3 样本选择和变量定义

5.3.1 样本选择

本书的样本选自我国沪、深两市 A 股上市公司，剔除金融行业上市公司、特殊处理股（ST、PT 或 *ST）上市公司、业绩亏损公司、数据缺失或异常上市公司，选取 1994—2015 年相应现金分红方案和相应年度财务数据及相关资料，共获取有效样本 20455 个。

5.3.2 变量定义及指标选取

1. 股利溢价

Baker 和 Wurgler（2004a）用股利溢价（$PDND$）表征投资者的股利偏好（需求），并以此作为管理者进行现金分红的决定性因素。在他们提出的股利溢价四种衡量方法中，公共事业股现金分红溢价、首发股票的平均公告效应、未来收益率法等皆面临收集数据难或不适合我国国情等问题，本书选取以下衡量指标。

$$PDND_t = \left[\ln\left(\frac{\overline{M}}{B}\right)_t\right]^D - \left[\ln\left(\frac{\overline{M}}{B}\right)_t\right]^{ND} \quad (5\text{-}1)$$

式（5-1）中，$PDND_t$ 为第 t 期股利溢价，等于该期进行现金分红上市公司（D）与不进行现金分红上市公司（ND）平均市值账面价值比 $\left(\frac{\overline{M}}{B}\right)_t$ 的自然对数之差。股利溢价代理变量（PMB）分别用市值账面价值比 $\left(\frac{M}{B}\right)$ 和 $TobinQ = \frac{M}{ME}$ 表示。

2. 股利支付指标

为了衡量市场整体现金分红状况，本书借鉴 Fama 和 French（2001）及黄娟娟（2012）提出的"是否支付股利"而非股利支付率或股利收益率的变量构造方式。

$$Initiate_t = \frac{Newpayers_t}{Nonpayers_{t-1} - Delistnonpayers_t} \quad (5-2)$$

$$Continue_t = \frac{Oldpayers_t}{Payers_{t-1} - Delistpayers_t} \quad (5-3)$$

$$Omit_t = 1 - Continue_t \quad (5-4)$$

其中，$Initiate_t$ 为第 t 期进行现金分红而前一期（$t-1$）未进行现金分红的公司比重；$Continue_t$ 为第 t 期进行现金分红而且前一期（$t-1$）也进行现金分红的公司比重；$Omit_t$ 为第 t 期停止进行现金分红而前一期（$t-1$）进行现金分红的公司比重。$Newpayers_t$ 为第 t 期进行现金分红而前一期（$t-1$）未进行现金分红的公司数量；$Nonpayers_{t-1}$ 为第 $t-1$ 期未进行现金分红的公司数量；$Payers_{t-1}$ 为第 $t-1$ 期进行现金分红的公司数量；$Delistpayers_t$、$Delistnonpayers_t$ 分别表示第 $t-1$ 期进行现金分红和不进行现金分红而第 t 期被摘牌的公司数量。

除此之外，以 $Payer_{it}$ 表示第 i 个公司第 t 期是否进行现金分红，其值等于 1 为分红，等于 0 为不分红；Dps_{it} 表示第 i 个公司第 t 期税前每股现金股利；Pr_{it} 表示第 i 个公司第 t 期股利支付率，等于现金分红总额除以该期净利润。

3. 股利支付意愿

Fama 和 French（2001）将股利支付意愿（PTP）定义为实际支付股利公司比例与预期平均支付股利公司比例的差额，并指出 PTP 越大，公司支付股利越多或越倾向发放股利，三个起到决定性作用的公司特征因素分别为公司规模（ME）、成长性（MB）和盈利性（E/BE）。Baker

和 Wurgler（2004b）以这三个因素构建了股利决策特征模型。

$$Pr(Payer_{it} = 1) = \text{Logit}\left[a + b\,ME_{it} + c\,MB_{it} + d\left(\frac{E}{BE}\right)_{it}\right] + u_{it}$$

(5-5)

式（5-5）中，$Payer_{it}$ 为第 i 个公司第 t 期现金分红倾向；a，b，c，d 分别为此 Logit 回归模型的常数项和各变量系数；u_{it} 为随机干扰项。

王曼舒和齐寅峰（2005），黄娟娟（2012）借鉴了上述模型，并用深圳证券交易所数据估计的模型计算上海证券交易所样本公司的现金分红意愿。然而，当前广为接受的做法是熊德华和刘力（2007）根据我国市场特点和股利迎合理论要求的时变性优化后的模型。本章构建的股利决策特征模型将采用熊德华和刘力（2007）构建的模型，具体如下：

$$Pr(Payer_{it} = 1) =$$

$$\text{Logit}\left[a_t + b_t\,ME_{it} + c_t\,MB_{it} + d_t\left(\frac{E}{BE}\right)_{it} + e_t\,DA_{it} + f_t\,H10_{it} + g_t\,LSHR_{it}\right] + u_{it}$$

(5-6)

其中，资产负债率（DA）、股权集中度（$H10$）和公司流通股比例（$LSHR$）是根据我国上市公司特征添加的解释变量。

被解释变量 $Payer_{it}$ 表示第 i 个公司第 t 期现金分红倾向，取值为 1 表示分红，取值为 0 表示不分红。影响 $Payer_{it}$ 的解释变量主要包括股权结构变量和公司特征变量两个部分。股权结构变量包括公司流通股比例和股权集中度（$H10$）两个部分；公司特征变量包括公司规模、成长性、盈利性、资产负债率四个部分。其中，股权集中度用前十大股东持股比例衡量；公司规模用公司总资产表示，在应用时做自然对数处理；成长性基于与股利政策联系的紧密性，选取所有者权益增长率作为代表；盈利性用总资产报酬率（ROA）作为公司整体盈利性的代表；资产负债率即总负债占总资产的比重，对现金分红有重要影响。

5 强化分红政策视角下上市公司现金分红迎合行为实证

根据前一期回归模型参数与当年公司特征均值，计算当期公司现金分红的预期概率（$Expratio$）如下：

$Expratio_{t+1} =$

$\text{Logit}[a_t^\mu + b_t^\mu \overline{ME}_{t+1} + c_t^\mu \overline{MB}_{t+1} + d_t^\mu \left(\overline{\frac{E}{BE}}\right)_{t+1} + e_t^\mu \overline{DA}_{t+1} + e_t^\mu \overline{H10}_{t+1} +$

$g_t^\mu \overline{LSHR}_{t+1}]$ (5-7)

进一步地，根据每期实际进行现金分红的上市公司比例（$Payratio$）计算现金分红意愿如下：

$$PTP_t = Payratio_t - Expratio_t \quad (5-8)$$

4. 强化分红政策变量

时间虚拟变量分别为 $D2000$、$D2008$ 和 $D2013$。因从 2000 年开始再融资与现金分红直接挂钩，故 2000 年 $D2000$ 为 1，其余年份为 0；2008 年再融资受到现金分红比例约束，故 2008 年 $D2008$ 为 1，其余年份为 0；又因 2013 年出台《上市公司监管指引第 3 号——上市公司现金分红》，故 2013 年 $D2013$ 为 1，其余年份为 0。在考察现金分红量化约束的政策影响时，$D2008$ 和 $D2013$ 分别在 2008 年、2013 年之后为 1，其余年份为 0。

3 年累计分红占比（$PR3$），2008 年之后只有 3 年累计分红占比不低于 30%的上市公司才有再融资资格；基本分红比例（$Paybasic$），2013 年后将 20%的现金分红比例设定为差异化分红机制的分红基本起点；高分红比例（$Payhigh$），2013 年的强化分红政策将 50%的现金分红比例设定为高分红比例的判断基准。因此，强化分红政策变量（D）为虚拟变量，$D = Year \times PR3$ 或 $D = Year \times PR$。其中，$Year$ 为年份；$PR3$ 为 3 年累计分红占比；PR 为年度现金分配比例。根据研究需要，本章中 D 设两个变量：D_1 和 D_2。当 $Year \geqslant 2008$ 且 $PR3 \geqslant 0.3$ 时，D_1 取值为 1，否则取值为 0；当 $Year \geqslant 2013$ 且 $PR \geqslant 0.5$ 时，D_2 取值为 1，否则取值为 0。

5.4 检验过程与结果分析

5.4.1 股利溢价与市场现金分红状况的关系

为了更全面地展现市场总体情况，在剔除特殊处理公司和金融类公司后，可获得1993—2015年26674家公司的数据，进一步剔除亏损公司和数据异常或缺失公司后，还有20455个样本。图5-1描绘了1993—2015年股利溢价和A股市场现金分红总体情况的关系。1994—2005年，25年内只有5年的股利溢价大于0，且均贴近0轴，说明投资者对现金分红的偏好较低。然而，在强化分红政策的影响下，样本公司进行现金分红的数量和比例不断上升。在强化分红政策萌芽的2000年，样本公司进行现金分红的数量从178家跃升至417家；2013年强化现金分红机制推出后，进行现金分红的样本公司数骤增近200家。自2008年以来，样本公司现金分红比例一直维持在60%以上，且保持上升趋势，2013年该比例达到85%。市场投资者对现金分红并不抱有过高的期望，进行现金分红的上市公司数量和比例不断攀升，意味着管理者在制定股利政策时表现出对政策较为明显的迎合。

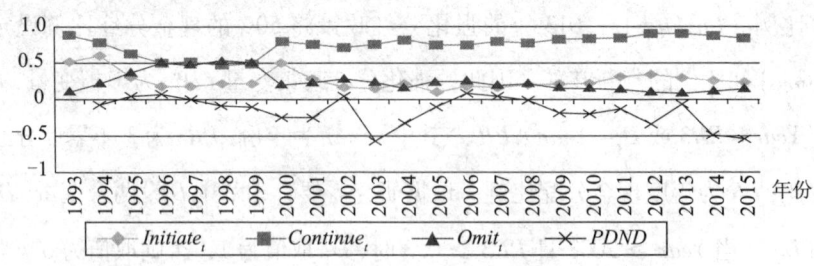

图5-1　1993—2015年股利溢价与A股市场现金分红总体情况的关系

股利溢价与 $Omit_t$（上年现金分红而本年不分红）的变化趋势正相关（相关系数为 0.452），与 $Continue_t$（上年现金分红而且本年继续分红）的变化趋势相背离，而与 $Initiate_t$（上年不分红而本年分红）的变化趋势相关性较低。这与黄娟娟（2012）的研究发现基本一致，但不足以印证她所指出的现金分红不迎合流通股股东偏好的结论。因为随着具有实质性的强化分红政策的实施，2008 年之后，上市公司现金分红的比例和持续性有所提升，但更为普遍和常规化的现金分红并不意味着能提振投资者现金股利偏好，而使股利溢价同步提高。2008 年以后，$Continue_t$ 指标一直维持在 82% 以上，并不断上升至 2013 年的 91%，带动了上市公司现金分红持续性的提高。而与此形成反差的是投资者对现金股利的低偏好并无明显改观，现金分红行为则更多地表现为对强化分红政策的迎合。

从以上分析来看，我国上市公司现金分红政策迎合了强化分红政策的要求，接受 H_1。

5.4.2 强化分红政策背景下的 A 股市场现金分红迎合行为检验

为了考察股利迎合理论对整体市场的适用性，沿用熊德华、刘力（2007）的研究方法，利用 1994—2015 年的经验数据进行实证检验。表 5-1 所示为 1994—2015 年样本数量及上市公司特征变量的均值。

表 5-1 1994—2015 年上市公司特征变量基本统计

年份	样本数	Payer 均值	Payer 标准差	ME 均值	ME 标准差	E/BE(ROA) 均值	E/BE(ROA) 标准差	MB 均值	MB 标准差	DA 均值	DA 标准差	H10 均值	H10 标准差	LSHR 均值	LSHR 标准差
1994	83	0.699	0.462	10.857	0.900	10.219	4.586	32.140	43.807	37.098	18.332	55.245	16.268	37.433	20.211
1995	146	0.575	0.496	11.064	0.760	8.463	5.436	8.889	15.763	44.705	15.561	58.191	15.394	37.264	16.649
1996	175	0.371	0.485	11.150	0.802	8.265	5.197	19.049	18.707	43.039	15.515	59.219	14.417	37.339	16.077
1997	327	0.281	0.450	11.135	0.774	9.850	5.502	24.439	33.646	42.804	16.283	59.967	13.838	33.824	13.446
1998	463	0.315	0.465	11.343	0.762	9.896	5.206	27.417	36.435	38.975	15.577	61.496	12.548	33.682	11.639
1999	544	0.327	0.470	11.475	0.746	8.654	4.998	21.282	34.018	39.934	16.249	62.721	12.726	35.061	11.802
2000	654	0.647	0.478	11.652	0.773	6.567	6.742	18.133	42.003	42.800	16.211	61.144	12.281	38.024	12.120
2001	689	0.707	0.456	11.776	0.763	6.285	3.447	17.121	48.057	41.764	16.384	61.303	11.927	38.382	11.910
2002	723	0.607	0.489	11.885	0.777	5.972	3.483	9.570	23.870	44.476	21.917	61.657	11.927	38.639	11.555
2003	722	0.532	0.499	12.010	0.825	5.872	3.903	8.203	15.997	46.597	17.726	61.118	11.960	39.347	11.830
2004	808	0.634	0.482	12.057	0.868	6.289	4.676	7.902	15.347	48.410	18.923	61.988	12.041	39.128	11.581
2005	841	0.591	0.492	12.078	0.915	6.280	4.378	6.355	13.254	48.585	18.738	61.002	12.154	40.997	11.733
2006	895	0.597	0.491	12.182	1.001	6.962	4.840	17.956	46.260	50.512	20.878	55.270	12.983	49.818	13.084
2007	966	0.578	0.494	12.333	1.031	8.839	8.478	26.114	43.834	49.897	19.512	54.235	14.052	56.687	15.190
2008	998	0.630	0.483	12.363	1.076	8.134	9.591	12.143	29.468	48.258	19.908	55.392	14.925	61.139	19.738

续表

年份	样本数	Payer		ME		E/BE(ROA)		MB		DA		H10		LSHR	
		均值	标准差	均值	标准差	均值	标准差	均值	标准差	均值	标准差	均值	标准差	均值	标准差
2009	1132	0.629	0.483	12.459	1.141	7.782	6.114	16.596	28.898	48.748	19.979	54.799	15.489	73.245	26.035
2010	1247	0.642	0.480	12.582	1.169	8.079	5.441	18.196	30.937	47.560	20.294	55.298	15.827	77.130	26.206
2011	1549	0.731	0.444	12.609	1.165	8.094	8.897	14.972	27.856	42.411	21.941	57.877	16.082	73.566	28.166
2012	1753	0.824	0.381	12.612	1.166	7.040	6.457	10.519	20.609	41.190	21.680	58.866	15.839	71.386	28.848
2013	1891	0.849	0.358	12.698	1.161	6.863	4.892	12.339	21.720	41.009	21.141	58.398	15.242	75.021	26.507
2014	1923	0.798	0.402	12.815	1.182	6.676	5.050	16.922	28.962	42.187	20.554	56.663	14.866	79.376	23.199
2015	1926	0.794	0.405	12.949	1.150	6.784	5.176	22.160	35.969	41.580	19.778	56.834	14.617	78.865	22.641

利用经验数据对式（5-6）进行现金股利支付决策模型的 Logit 回归，得到 1994—2015 年的模型参数估计，如表 5-2 所示。结果显示，公司特征变量对现金分红的影响较为显著，股权集中度因市场改革引起较大差异化，显著性相对较弱。从各模型解释变量的主要系数符号来看，公司规模、盈利性与现金分红倾向呈正相关，成长性、资产负债率、流通股比例与现金分红倾向呈负相关，这和经验认知及相关股利政策文献理论基本一致。

表 5-2 1994—2015 年现金股利支付决策模型的 Logit 回归

年份	ME	E/BE (ROA)	MB	DA	H10	LSHR	常数项
1994	0.615 (0.381)	0.039 (0.0796)	-0.00766 (0.00612)	-0.0345 (0.0217)	-0.00619 (0.0251)	-0.0267 (0.0230)	-3.165 (4.454)
1995	0.334 (0.315)	0.2380** (0.100)	-0.03080* (0.0165)	-0.0324** (0.0138)	-0.00361 (0.0185)	-0.0186 (0.0167)	-2.556 (3.925)
1996	0.327 (0.249)	0.109** (0.0443)	-0.02480* (0.0133)	-0.000445 (0.0117)	0.00879 (0.0188)	-0.0167 (0.0168)	-4.527 (3.181)
1997	0.786*** (0.175)	0.00740 (0.0227)	0.00294 (0.00358)	-0.0142* (0.00831)	-0.00452 (0.0113)	-0.0253* (0.0130)	-8.183*** (2.213)
1998	0.474*** (0.143)	0.00797 (0.0202)	-0.00415 (0.00343)	-0.0155** (0.00719)	0.00461 (0.0110)	-0.00369 (0.0114)	-5.695*** (1.970)
1999	0.780*** (0.148)	0.0517** (0.0219)	-0.01280** (0.00612)	-0.00884 (0.00625)	0.00119 (0.0110)	-0.0263** (0.0129)	-8.754*** (2.023)
2000	0.464*** (0.142)	0.186*** (0.0293)	0.00189 (0.00247)	-0.0194*** (0.00643)	-0.00973 (0.0128)	-0.0199 (0.0146)	-3.799* (2.059)
2001	0.886*** (0.152)	0.263*** (0.0511)	-0.00683*** (0.00261)	-0.0354*** (0.00640)	-0.00391 (0.0150)	-0.0316** (0.0151)	-7.854*** (1.961)
2002	0.774*** (0.133)	0.278*** (0.0434)	-0.00391 (0.00433)	-0.0338*** (0.00572)	0.00626 (0.0138)	-0.0218 (0.0139)	-8.245*** (1.930)
2003	1.024*** (0.139)	0.311*** (0.0441)	-0.01300** (0.00648)	-0.0410*** (0.00572)	-0.01810 (0.0145)	-0.0361** (0.0146)	-9.265*** (1.968)
2004	0.945*** (0.145)	0.277*** (0.0644)	-0.00357 (0.00802)	-0.0345*** (0.00668)	0.01530 (0.0172)	-0.0157 (0.0182)	-10.810*** (2.108)

5 强化分红政策视角下上市公司现金分红迎合行为实证

续表

年份	ME	E/BE (ROA)	MB	DA	H10	LSHR	常数项
2005	0.655*** (0.108)	0.3300*** (0.0459)	-0.02710* (0.0152)	-0.0202*** (0.00530)	0.00965 (0.0152)	-0.01530 (0.0154)	-8.130*** (1.776)
2006	0.913*** (0.101)	0.2180*** (0.0312)	-0.00515*** (0.00197)	-0.0298*** (0.00475)	0.0156 (0.0129)	-0.01010 (0.0122)	-10.740*** (1.714)
2007	1.000*** (0.0993)	0.0459*** (0.0110)	-0.00619*** (0.00184)	-0.0285*** (0.00473)	0.0484*** (0.00979)	0.01770* (0.00912)	-14.350*** (1.563)
2008	0.944*** (0.101)	0.0298* (0.0160)	0.00345 (0.00357)	-0.0312*** (0.00484)	0.0438*** (0.00745)	0.01240** (0.00555)	-12.930*** (1.321)
2009	0.757*** (0.0804)	0.0738*** (0.0156)	-0.00387 (0.00251)	-0.0294*** (0.00408)	0.0265*** (0.00553)	0.00134 (0.00337)	-9.372*** (1.000)
2010	0.754*** (0.0779)	0.1250*** (0.0203)	-0.00270 (0.00236)	-0.0287*** (0.00416)	0.0235*** (0.00527)	0.00224 (0.00330)	-9.758*** (0.968)
2011	0.730*** (0.0780)	0.0278 (0.0189)	0.00122 (0.00254)	-0.0440*** (0.00433)	0.0247*** (0.00510)	0.00121 (0.00332)	-7.871*** (0.947)
2012	0.800*** (0.0940)	0.0516 (0.0690)	-0.00227 (0.00402)	-0.0448*** (0.00571)	0.0182*** (0.00620)	0.00116 (0.00359)	-7.873*** (1.028)
2013	0.598*** (0.0855)	0.0657* (0.0357)	-0.00727** (0.00309)	-0.0376*** (0.00478)	0.0178*** (0.00536)	-0.000831 (0.00360)	-5.415*** (0.970)
2014	0.612*** (0.0714)	0.1180*** (0.0294)	-0.00467** (0.00210)	-0.0309*** (0.00384)	0.0169*** (0.00485)	-0.00157 (0.00360)	-6.431*** (0.836)
2015	0.669*** (0.0747)	0.0622*** (0.0233)	-0.00158 (0.00198)	-0.0356*** (0.00403)	0.0167*** (0.00473)	-0.00239 (0.00349)	-6.782*** (0.876)

注：括号内的数值为稳健性标准误；*** 表示 $p<0.01$，** 表示 $p<0.05$，* 表示 $p<0.1$。

把表 5-1 和表 5-2 中相关数据代入式（5-7）和式（5-8）中，分别获得 2004—2015 年市场现金分红预期概率及分红意愿，与投资者现金分红偏好（股利溢价）共同描绘成图 5-2。

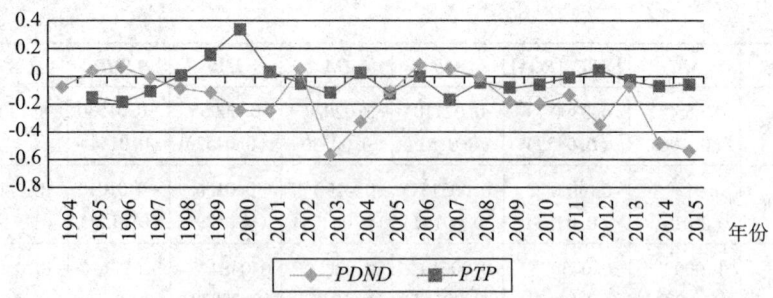

图 5-2 1994—2015 年 A 股市场现金分红意愿与股利溢价指标

从图 5-2 来看，1994—2015 年，上市公司的现金分红意愿并不高，除了 1998—2001 年金融危机导致投资机会减少，以及 2000 年现金分红政策与再融资直接挂钩后出现相对高点外，其余各年的现金分红意愿几乎都为负数，表明上市公司整体现金分红意愿不强。同时，现金分红意愿和股利溢价变化趋势具有一定的相似性，尤其是在 2008 年再融资与现金分红开始量化挂钩之后。

为了更好地验证 A 股市场整体的迎合性，在原有的现金分红决策意愿模型的基础上，加入滞后 1 期的股利溢价变量和时间虚拟变量，构建股利溢价对现金分红意愿的预测模型如下：

$$PTP_t = b\,PDND_{t-1} + cME + d\frac{E}{EB} + eMB + fDA + gH10 + hLSHR + iD + a + \varepsilon_t \tag{5-9}$$

以上模型中，股利溢价和时间虚拟变量 D 为解释变量，其余公司特征变量为控制变量。在时间变量方面，分别选取现金分红政策与再融资直接挂钩的 2000 年，以及作为再融资条件的现金分红比例开始量化的 2008 年为观察点，验证强化分红政策实施后的影响。预测回归结果如表 5-3 所示，在没有纳入时间虚拟变量之前的模型 1 和模型 2 的显著性较差，而且股利溢价变量的系数较小，符号亦未能反映股利迎合理论的正值要求。纳入时间虚拟变量后，模型 3 和模型 4 的拟合优度显著提

5 强化分红政策视角下上市公司现金分红迎合行为实证

升,而且时间变量非常显著。更关键的是股利溢价和现金分红意愿呈正向关系,说明如果投资者现金分红偏好增强,则下一年上市公司现金分红意愿增强,尤其是在强化分红政策出现的 2000 年和 2008 年。由此可知,股利迎合理论适用于解释我国上市公司现金分红政策,而且现金分红行为迎合了强化分红政策的要求,接受 H_1 和 H_2。

表 5-3　1995—2015 年股利溢价对支付意愿的预测回归

项目	模型 1	模型 2	模型 3 (2000 年)	模型 4 (2008 年)
PDND	−0.1130 (0.114)	0.0791 (0.157)	0.0740 (0.109)	0.0945 (0.161)
lnME		0.0219 0.228)	0.1700 (0.129)	−0.1060 (0.287)
ROA		−0.0333 (0.0639)	0.0216 (0.0319)	−0.0601 (0.0751)
MB		0.0081 (0.00951)	0.000430 (0.00441)	0.0141 (0.0123)
DA		−0.00126 (0.0122)	−0.00613 (0.00980)	0.00797 (0.0155)
H10		0.0285 (0.0272)	0.0195 (0.0235)	0.0501 (0.0346)
LSHR		0.0016 (0.00776)	−0.00233 (0.00522)	0.00718 (0.00997)
D			0.3910 *** (0.0487)	0.1880 (0.127)
常数项	−0.0486 (0.0283)	−1.8660 (2.124)	−3.0000 (1.789)	−2.1910 (2.278)
R-squared	0.0370	0.3150	0.7810	0.3910
样本数	21	21	21	21.000

注:括号内的数值为稳健性标准误。*** 表示 $p<0.01$。模型 3、模型 4 分别加入了时间虚拟变量 D。模型 3 中,$D=1$(2001 年),$D=0$(其他年份);模型 4 中,$D=1$(2008 年),$D=0$(其他年份)。

我国上市公司现金分红比例逐渐提高而投资者现金股利偏好(股利溢价)持续低迷现象背后的本质,是上市公司现金分红行为迎合了强化分红政策的要求。因此,强化分红政策的合理性至关重要,差异化强化分红机制的完善应成为管理层努力的主要方向。综合考虑 2000 年和 2008 年强化分红政策发展的重要时间点,除了时间变量对上市公司现金分红意愿有显著影响外,股利溢价亦和分红意愿呈正向关系,说明股利迎合理论基本适用于对我国上市公司股利政策行为的解释。当然,值得进一步讨论的问题还有很多。比如,股利溢价对现金分红意愿影响的预测模型不够显著的原因是什么?在现金分红意愿对股利溢价的预测模型中,作为控制变量的股权结构在我国特殊的市场转轨时期,以及股权分置改革背景下对股利政策的迎合行为有何影响?在股利迎合理论框架下,开展股权结构对分红行为的影响研究,对完善公司治理与保护投资者利益具有较好的创新意义。

5.5　强化分红政策视角下上市公司现金分红迎合行为的动因检验

5.5.1　模型设定

根据研究假设,在强化分红政策视角下,构建上市公司现金分红迎合行为静态面板模型如下:

$$PMB_{it} = \alpha_1 Payer_{it} + \alpha_2 H10_{it} + \alpha_3 LSHR_{it} + \beta_i X_{it} + D_n + \eta_i + \varepsilon_{it}$$

(5-10)

其中,i 表示上市公司截面单元,$i = 1, 2, 3, \cdots, n$;t 表示时间,即 1994—2014 年;PMB_{it} 为股利溢价代理变量;$Payer_{it}$ 表示现金支付情况变量,为虚拟变量;$H10_{it}$ 为前十大股东持股比例;$LSHR_{it}$ 为流通股比例;D_n 表示强化分红政策变量,为虚拟变量,其中 n 为强化分红政策变量的个数;X_{it} 为控制变量,包括总资产自然对数、资产收益率、净资产增长率和资产负债率;η_i 表示上市公司非观测个体固定效应,反映了不同上市公司间持续存在的差异,如不同公司存在不同的管理经营方式、文化价值等;ε_{it} 表示与公司个体和时间均无关的随机误差项。

5.5.2 变量说明与理论假设

股利溢价代理变量,分别用市值账面价值比 ($\frac{M}{B}$) 和 $TobinQ = \frac{M}{ME}$ 表示。其中,M 为总市值;B 为所有者权益;ME 为总资产;$TobinQ$ 即托宾 Q。现金支付情况 ($Payer$) 为虚拟变量,1 表示产生现金支付,0 表示无现金支付。股权集中度用前十大股东持股比例 ($H10$) 表示。流通股比例 ($LSHR$) 为流通股所占总股本比例。公司规模 ($lnME$) 用总资产的自然对数表示,为公司规模的代理变量。资产收益率 (ROA) 为净利润与总资产的比率。净资产增长率 (MB) 代表成长性指标,即净资产的同比增长率。资产负债率 (DA) 衡量的是公司的偿债能力,为负债与总资产的比率。年度现金分配比例 (PR) 为年度现金分红总额与净利润之比。强化分红政策变量 (D) 为虚拟变量,$D = Year \times PR3$ 或 $D = Year \times PR$。其中,$Year$ 为年份,$PR3$ 为 3 年累计分红占比,PR 为年度现金分配比例。根据研究需要,本章中 D 设两个变量:D_1 和 D_2。当 $Year \geqslant 2008$ 且 $PR3 \geqslant 0.3$ 时,D_1 取值为 1,否则取值为 0。当 $Year \geqslant 2013$ 且 $PR \geqslant 0.5$ 时,D_2 取值为 1,否则取值为 0。

根据已有研究,对式(5-10)提出如下理论假设:现金支付情况、流通股比例、资产收益率、净资产收益率和 D_2 对股利溢价产生正向影响,而股权集中度、总资产对数、资产负债率、年度现金分配比例和 D_1 对股利溢价产生负向影响。

5.5.3 实证分析

本节收集到的样本为1994—2015年的上市公司，样本数为17539个。式（5-10）中各变量的统计特征如表5-4所示。

表5-4 变量描述性统计特征

变量	含义	样本数	均值	标准差	最小值	最大值
M/B	市值账面价值比，股利溢价代理变量	17539	3.814	3.875	0.307	227.876
$TobinQ=M/ME$	股利溢价代理变量	17539	2.162	2.039	0.074	56.125
$Payer$	现金支付情况	17539	0.680	0.466	0	1.000
$lnME$	总资产自然对数	17539	12.377	1.150	8.326	18.493
ROA	资产收益率	17539	7.602	5.206	0.007	63.000
MB	净资产增长率	17539	17.821	30.036	0.0007	452.044
DA	资产负债率	17539	43.764	19.208	0.797	90.950
$H10$	前十大股东持股比例	17539	58.022	14.524	3.470	97.490
$LSHR$	流通股比例	17539	62.278	27.279	3.731	100.000

以市值账面价值比（$\frac{M}{B}$）为被解释变量进行模型估计，计量模型的回归结果如表5-5所示。模型1、模型2、模型3和模型4通过Hausman检验，结果表明固定效应模型更优，因而选用固定效应模型进行估计。

表5-5 1994—2015年上市公司现金分红迎合行为静态面板模型

变量	模型1	模型2	模型3	模型4
$Payer$	-0.382*** (0.0622)	0.191** (0.0907)	0.249*** (0.0866)	0.0205 (0.0878)
$H10$	-0.00179 (0.0008)	-0.00218 (0.00444)	-0.00161 (0.00443)	-0.00192 (0.00441)

续表

变量	模型1	模型2	模型3	模型4
LSHR	0.00546*** (0.00173)	0.02460*** (0.00378)	0.0265*** (0.00352)	0.0214*** (0.00371)
$\ln ME$		-1.4490*** (0.187)	-1.3770*** (0.201)	-1.5890*** (0.190)
ROA		0.1570*** (0.00885)	0.1580*** (0.00889)	0.1610*** (0.00872)
MB		0.00983*** (0.00114)	0.00964*** (0.00117)	0.00954*** (0.00113)
DA		0.0620*** (0.00791)	0.0606*** (0.00817)	0.0645*** (0.00796)
PR		-0.00680*** (0.00130)	-0.00710*** (0.00131)	-0.00667*** (0.00128)
D_1 (Year≥2008, PR3≥0.3)			-0.2970*** (0.0945)	
D_2 (Year≥2013, PR≥0.5)				0.8820*** (0.0625)
常数项	3.837*** (0.335)	16.3000*** (1.767)	15.4400*** (1.926)	17.9800*** (1.808)
个体固定效应	显著	显著	显著	显著
R-squared	0.004	0.114	0.115	0.121
样本数	17539	17539	17539	17539

注：括号内的数值为稳健性标准误，*** 表示 $p<0.01$，** 表示 $p<0.05$。

模型1为现金支付情况、股权集中度和流通股比例对市值账面价值比的回归，结果表明现金支付情况和股权集中度对市值账面价值比产生负向影响。其中，现金支付情况在1%的水平上显著为负；股权集中度负向影响不显著；流通股比例在1%的水平上显著为正。

模型2中加入了总资产、资产收益率、净资产增长率、资产负债率和年度现金分配比例5个控制变量。结果显示，现金支付情况在5%的水平上对市值账面价值比的影响显著为正；股权集中度负向影响不显著；流通股比例依然在1%的水平上显著为正。控制变量中，总资产对数和年度现金分配比例在1%的水平上产生显著的负向影响；资产收益率、净资产增长率和资产负债率在1%的水平上产生显著正向影响。

模型3在模型2的基础上增加了强化分红政策变量（D_1），D_1的系数为-0.297，在1%的水平上显著为负，表明强化分红政策对市值账面价值比产生负向影响。在强化分红政策的影响下，现金支付情况和流通股比例对市值账面价值比的影响在1%的水平上显著为正；股权集中度产生不显著的负向影响。控制变量中，总资产对数和年度现金分配比例在1%的水平上产生显著的负向影响；资产收益率、净资产增长率和资产负债率在1%的水平上产生显著的正向影响。

模型4在模型2的基础上增加了强化分红政策变量（D_2），D_2的系数为0.882，表明强化分红政策在1%的水平上对市值账面价值比产生显著的负向影响。在强化分红政策的影响下，现金支付情况对市值账面价值比产生不显著的正向影响；股权集中度产生不显著的负向影响；流通股比例在1%的水平上产生显著的正向影响。控制变量中，总资产对数和年度现金分配比例在1%的水平上产生显著的负向影响；资产收益率、净资产增长率和资产负债率在1%的水平上产生显著的正向影响。

模型2中，除了资产负债率外，其他变量对市值账面价值比的影响均符合理论假设预期。模型3中，强化分红政策对市值账面价值比产生显著的负向影响，符合理论预期；与此同时，在强化分红政策的影响下，除了资产负债率外，其他变量对市值账面价值比的影响均符合理论预期。除了股权集中度外，其他变量都是影响市值账面价值比的主要因素。模型4中，强化分红政策对市值账面价值比产生显著的正向影响，符合理论预期；在强化分红政策影响下，除了资产负债率外，其他变量对市值账面价值比的影响均符合理论预期；流通股比例、总资产、资产收益率、净资产增长率、资产负债率、年度现金分配比例是影响市值账面价值比的主要因素。

5 强化分红政策视角下上市公司现金分红迎合行为实证

构建回归计量模型时,需要检验回归模型的稳健性,在此通过替换被解释变量的方式对式(5-10)的稳健性进行检验。先把被解释变量由市值账面价值比($\frac{M}{B}$)替换为 $TobinQ$,再对模型进行估计,结果如表5-6所示。模型1、模型2、模型3和模型4究竟是选择固定效应模型还是随机效应模型进行估计,通过 Hausman 检验,结果表明固定效应模型更优,因而选用固定效应模型进行估计。

表5-6 1994—2015年上市公司现金分红迎合行为静态面板模型稳健性检验

变量	模型1	模型2	模型3	模型4
Payer	-0.1410*** (0.0377)	0.0669 (0.0468)	0.1070** (.0462)	-0.0380 (0.0458)
H10	0.00137 (0.00261)	-0.000199 (0.00214)	0.000198 (0.00214)	-.0000389 (0.00211)
LSHR	-0.000369 (0.000816)	0.0118*** (0.00129)	0.0131*** (0.00127)	0.00979*** (0.00127)
lnME		-0.5790*** (0.0604)	-0.5290*** (0.0652)	-0.6650*** (0.0615)
ROA		0.0946*** (0.00570)	0.0954*** (0.00572)	0.0971*** (0.00563)
MB		0.00393*** (0.000472)	0.00380*** (0.000476)	0.00375*** (0.000463)
DA		-0.0127*** (0.00258)	-0.0137*** (0.00267)	-0.0112*** (0.00259)
PR		-0.00473*** (0.000762)	-0.00494*** (0.000765)	-0.00465*** (0.000747)
D_1($Year \geq 2008$, $PR3 \geq 0.3$)			-0.2070*** (0.0454)	
D_2($Year \geq 2013$, $PR \geq 0.5$)				0.5420*** (0.0352)
常数项	2.201*** (0.178)	8.4500*** (0.631)	7.8510*** (0.684)	9.4830*** (0.641)
个体固定效应	显著	显著	显著	显著

续表

变量	模型1	模型2	模型3	模型4
R-squared	0.001	0.162	0.163	0.174
样本数	17539	17539	17539	17,539

注：括号内的数值为稳健性标准误，*** 表示 $p < 0.01$，** 表示 $p < 0.05$。

模型1为现金支付情况、股权集中度和流通股比例对 $TobinQ$ 的回归。结果表明，现金支付情况和流通股比例均对 $TobinQ$ 产生负向影响。其中，现金支付情况在1%的水平上显著为负；流通股比例负向影响不显著；股权集中度正向影响不显著。

模型2在模型1的基础上加入总资产、资产收益率、净资产增长率、资产负债率和年度现金分配比例5个控制变量。结果显示，现金支付情况产生不显著的正向影响；股权集中度产生不显著的负向影响；流通股比例在1%的水平上影响显著为正。控制变量中，总资产对数、资产负债率和年度现金分配比例在1%的水平上产生显著的负向影响；资产收益率和净资产增长率在1%的水平上产生显著的正向影响。

模型3在模型2的基础上增加了强化分红政策变量（$D1$），$D1$ 的系数为-0.207，在1%的水平上对 $TobinQ$ 产生显著的负向影响。在强化分红政策的影响下，现金支付情况在5%的水平上对 $TobinQ$ 产生显著的正向影响；股权集中度产生不显著的正向影响；流通股比例在1%的水平上产生显著的正向影响。控制变量中，总资产对数、资产负债率和年度现金分配比例在1%的水平上产生显著的负向影响；资产收益率和净资产增长率在1%的水平上产生显著的正向影响。

模型4在模型2的基础上增加了强化分红政策变量（D_2），D_2 的系数为0.542，在1%的水平上产生显著的正向影响，表明强化分红政策对 $TobinQ$ 产生正向影响。在强化分红政策的影响下，现金支付情况和股权集中度均对 $TobinQ$ 产生不显著的负向影响；流通股比例在1%的水平上产生显著的正向影响。控制变量中，总资产对数、资产负债率和年度现金分配比例在1%的水平上产生显著的负向影响，资产收益率和净资产增长率在1%的水平上产生显著的正向影响。

模型2中，各个变量对 $TobinQ$ 的影响均符合理论假设预期。模型3中，强化分红政策对 $TobinQ$ 产生显著的负向影响，符合理论预期。与此同时，在强化分红政策的影响下，除了股权集中度外，其他变量对 $TobinQ$ 的影响均符合理论预期。其中，现金支付情况、流通股比例、总资产对数、资产收益率、净资产增长率、资产负债率和年度现金分配比例是影响 $TobinQ$ 的主要因素。模型4中，强化分红政策对市值账面价值比产生显著的正向影响，符合理论预期。在强化分红政策影响下，除了现金支付情况外，其他变量对市值账面价值比的影响均符合理论预期，流通股比例、总资产、资产收益率、净资产增长率、资产负债率、年度现金分配比例是影响市值账面价值比的主要因素。

对比表5-5和表5-6，构建强化分红政策视角下的上市公司现金分红迎合行为模型具有稳健性特征。

5.5.4 实证检验结论

通过静态面板模型检验发现，以股利溢价代理变量为被解释变量，现金分红情况、现金股利支付率都表现出在1%水平上的强显著性正向关系，表明现金分红意愿和股利溢价高度正相关，进一步证明了我国上市公司现金分红具有迎合特征。在设置了2008年和2013年为虚拟变量之后，模型显著性有所增强，说明强化分红政策确实对上市公司的现金分红产生了很大的影响，现金分红表现出对政策的显著迎合。从现金分红政策的动因来看，代表股权集中度的"前十大流通股股东持股比例"在模型中并不显著，说明股权集中度高的公司，其现金分红的市场反应并不强，可能的原因是控股股东制定了对自己有利的现金分红政策，但这些政策并不一定受到市场的认可。相反地，流通股比例越高，对现金分红的溢价影响越大，两者显著正相关，说明股利溢价的形成来自有大比例流通股份的公司，而该类公司流通股股东对现金分红的偏好较为明显。总之，随着强化分红政策的实施和改革的发展，流通股比例逐年提高，上市公司现金分红成为常态化的行为。

5.6 本章小结

本章主要回答了股利政策是迎合投资者需求还是迎合强化分红政策需求的问题。股利迎合理论对很多国家和地区的股利政策行为具有解释力，而国内关于股利迎合理论解释力的论证存在一定的分歧。尤其是强化分红政策的推出和实施是一个不断强化和完善的过程，只有在不同的时间点开展具有针对性的研究，才有可能获得股利迎合理论到底是迎合投资者需求还是迎合强化分红政策需求的客观结论。本章实证研究提出了下列基本假设。H_1：上市公司现金分红迎合了强化分红政策的要求。H_2：上市公司现金分红迎合了投资者的偏好。

虽然上市公司的现金分红比例不断提高，但是股利支付率较低，投资者现金股利偏好也较低，通过比较股利溢价与 A 股市场分红总体情况，初步发现上市公司的现金分红迎合了强化分红政策的要求。股利溢价与上市公司分红意愿之间的预测模型进一步证明了强化分红政策的重要时间点对上市公司现金分红意愿的显著影响。同时，股利溢价和现金分红意愿同向变化，说明股利迎合理论对我国 A 股市场具有一定的解释力。

进一步地，通过静态面板模型检验也发现，现金分红意愿和股利溢价高度正相关，证明了我国上市公司现金分红的迎合行为特征。而以强

5 强化分红政策视角下上市公司现金分红迎合行为实证

化分红政策出台时间即 2008 年和 2013 年作为虚拟变量加入模型后，模型显著性有所增强，印证了现金分红对分红政策的迎合。从治理动因来看，代表股权集中度的"前十大流通股东持股比例"并不显著，而流通股比例与股利溢价的相关性更大。总之，随着强化分红政策的实施，上市公司现金分红日益成为常态化的行为。

6 股改视角下上市公司现金分红迎合及其治理动因实证

6.1 问题的提出

正如张亦春教授（2009）所言，股利政策是公司治理的重要内容，股权分置改革是我国上市公司治理改革的历史性举措，对公司治理尤其是对股利政策的影响应该引起广泛重视。股权分置改革有利于推动"同股同权、同股同利"的非流通股与流通股制度趋向一致，统一各类股东的利益取向，其终极目的是提升公司治理效率及公司价值。在经济体制转轨过程中，占总股本约2/3的国有股、法人股作为非流通股，造成了上市公司受股利政策操纵等公司治理缺陷，产生了损害中小股东利益的"掏空""隧道效应"等行为（原红旗，2001；肖珉，2005），成为悬在资本市场头上的"达摩克利斯之剑"。

值得关注的是，于2005年5月试点的股权分置改革在不到两年的时间里就取得了重大进展。截至2006年底，已有1140家上市公司完成股改，占股改公司总数的85%。然而，股权分置改革还处于过渡期，预期达成的全流通时代尚未到来，仍有超过14%的限售流通股和18%的市值在2017—2020年实现流通，股改以来解禁股份数量也较为不均衡，如图6-1所示。

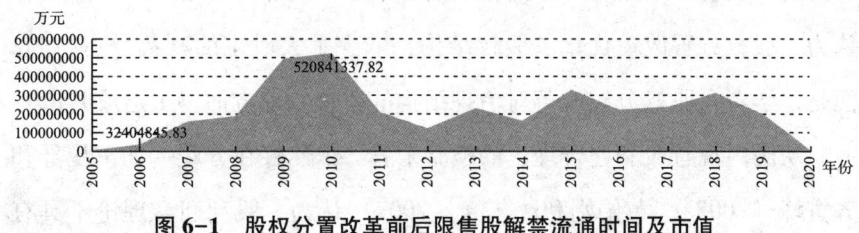

图6-1 股权分置改革前后限售股解禁流通时间及市值

按照 Baker 和 Wurgler（2004a，2004b）提出的股利迎合理论，管理者可以理性地迎合投资者的非理性股利需求。股权分置改革前后，我国上市公司股权结构发生了显著变化，股利迎合理论面对不同的投资者结构，其解释力有何区别？现金分红政策究竟迎合了哪类股东的需求？

6.2 文献回顾与研究设计

6.2.1 文献回顾

La Porta 等（2000）认为，上市公司控股股东与中小股东的利益冲突已经取代了传统经营者与所有者之间的代理冲突，现金股利政策成为内部股东（控股股东及管理层）与外部股东之间代理问题的外化表现。许文彬和刘猛（2009）基于股权分置改革前后进行实证研究发现，绝对控股公司在股权分置改革前后均存在"隧道效应"，股权结构仍需要进行合理化调整，从而有效保护投资者的利益。强国令和闫杰（2012）发现，股权分置改革使国有公司控股股东和中小股东利益取向趋同，但控股股权缺乏制衡和所有者缺位导致内部人控制问题仍然存在。然而，汪昌云等（2010）认为，股权分置改革在一定程度上实现了完善公司治理结构的预期目标。于静、陈工孟和孙彬（2010）研究发现，股权分置改革改善了现金股利的利益输送行为。武晓玲和翟明磊（2013）认为，股权分置改革优化了股权结构，减少了大股东的利益侵占行为。但是，学者在股权分置改革对治理结构的改善效果方面仍未达成共识。

从国内现有股利迎合理论的检验来看，依然存在分歧。如王曼舒和齐寅峰（2005）、黄娟娟和沈艺峰（2007）认为，股利迎合理论不具有完全的解释力。而熊德华和刘力（2007）、林川（2010，2015，2016）则证实了股利迎合理论的解释力。基于股权分置改革的视角，支晓强等（2014）运用2001—2010年的数据进行实证研究发现，股权分置改革前上市公司的现金分红与股利溢价不相关，而股权分置改革后股利迎合理论的解释力显著增强，上市公司现金分红更注重中小股东的偏好。

上市公司的现金分红行为是否适用股利迎合理论的解释？对这一问题的解答异常重要，本节借助迎合理论进行研究，进一步通过迎合的力度、对象及影响因素检验股权分置改革的成果。

支晓强等（2014）利用2001—2010年的数据进行研究发现，现金分红仍受股权分置改革后流通股比例"爬坡式"上升过程的严重制约。尤其是从股利迎合到公司治理的联系与延伸，需要加入更多的公司治理变量，本节拟对此加以改进并提出下列假设。H_1：股权分置改革后股利迎合理论对上市公司现金分红的解释力显著增强。H_2：股权分置改革后现金分红政策仍受股权结构的显著影响。

6.2.2 研究设计

1. 模型设定与变量选择

（1）股利迎合理论检验。股利溢价和现金分红意愿的计算沿用第5章的模型和方法。首先，通过Logit模型估计市场年度现金分红预期（*Expratio*）；其次，以市场实际现金分红比例（*Pay ratio*）减去分红

6 股改视角下上市公司现金分红迎合及其治理动因实证

预期，得到现金分红意愿；再次，以现金分红和不分红作为分组依据，计算平均市值账面价值比的自然对数差，得到股利溢价；最后，构建时间序列回归模型，验证股利溢价对现金分红意愿的影响预测能力，考察管理者基于股利溢价的现金分红意愿是否具有迎合性。

其中，股利决策特征模型如下：

$$Pr(Payer_{it}=1) = \text{Logit}\left[\begin{array}{l} a_t + b_t ME_{it} + c_t MB_{it} + d_t \left(\dfrac{E}{BE}\right)_{it} \\ + e_t DA_{it} + f_t H1_{it} + g_t LSHR_{it} \end{array}\right] + u_{it}$$

(6-1)

被解释变量 $Payer_{it}$ 表示第 i 个公司第 t 期现金分红倾向，取值为 1 时表示分红，取值为 0 时表示不分红。影响 $Payer_{it}$ 的解释变量主要包括股权结构变量和公司特征变量两个部分。股权结构变量包括公司流通股比例和股权集中度两个部分。其中，股权集中度用第一大股东持股比例（$H1$）衡量，公司流通股比例越高，股权集中度越高，则公司越倾向现金分红。公司特征变量包括公司规模、成长性、盈利性、资产负债率四个部分。公司规模以公司总资产表示，在应用时做自然对数处理；成长性基于与股利政策联系的紧密性，选取所有者权益增长率作为代表；盈利性用总资产报酬率（ROA）作为公司整体盈利性的代表；资产负债率，即负债占总资产的比重，对现金分红有重要影响。一般而言，公司特征变量对现金分红倾向的影响表现出如下特征：上市公司规模越大，盈利性越高，成长性和资产负债率越低，则越倾向现金分红。

构建的股利溢价对现金分红意愿的影响预测模型如下：

$$PTP_t = \alpha + b\,PDNP_t + c\,ME_t + d\,(E/BE)_t + e\,MB_t + f\,DA_t + g\,H1_t + h\,LSHR_t + \varepsilon_t$$

(6-2)

其中，现金分红意愿计算公式如下：

$$PTP_t = Payratio_t - Expratio_t \qquad (6\text{-}3)$$

在现金分红意愿计算公式中，$Expratio_t =$

$$\text{Logit}\left[\begin{array}{l} a_{t-1}^{\mu} + b_{t-1}^{\mu}\overline{ME}_t + c_{t-1}^{\mu}\overline{MB}_t + d_{t-1}^{\mu}\left(\overline{\dfrac{E}{BE}}\right)_t + e_{t-1}^{\mu}\overline{DA}_t + e_{t-1}^{\mu}\overline{H1}_t \\ + g_{t-1}^{\mu}\overline{LSHR}_t \end{array}\right] \quad (6-4)$$

即根据前一期回归模型，也就是式（6-1）的参数与当年公司特征均值计算当期公司现金分红的预期概率（$Expratio$）。

每期实际进行现金分红的上市公司比例（$Payratio_t$）由当期实际进行现金分红的上市公司数量与当期上市公司样本总数的比值计算得出。

股利溢价的衡量公式如下：

$$PDND_t = \left[\ln\left(\overline{\dfrac{M}{B}}\right)_t\right]^D - \left[\ln\left(\overline{\dfrac{M}{B}}\right)_t\right]^{ND} \quad (6-5)$$

其中，$PDND_t$ 为第 t 期股利溢价，等于该期进行现金分红上市公司（D）与不进行现金分红上市公司（ND）平均市值账面价值比 $\left[\left(\overline{\dfrac{M}{B}}\right)_t\right]$ 的自然对数差。

一般而言，式（6-2）中，股利溢价越高，上市公司越具有现金分红倾向。代表股权结构特征的股权集中度、公司流通股比例，以及代表公司特征的公司规模、成长性、盈利性、资产负债例为控制变量。已有研究表明，股权集中度、公司流通股比例、公司规模和盈利性对现金分红意愿产生正向影响，而成长性和资产负债率则对现金分红意愿产生负向影响。

（2）股权分置改革视角下的上市公司现金股利决定模型。Baker 等（2009）曾利用混合面板数据检验名义股价对投资者偏好的迎合。本书拟以 2006 年为时间点，构建股权分置改革前后上市公司现金分红混合面板数据模型。一方面，运用 Logit 模型检验红利支付行为、支付率与股利溢价的关系;另一方面,深入对比考察股权分置改革前后公司治理变量对现金分红政策的影响,揭示现金分红政策的治理意义。为此,构建如下模型。

模型1

$$Pr(Payer_{it} = 1) = \text{Logit}(\alpha_1 CF_{it} + \alpha_2 H1_{it} + \alpha_3 H_{it} + \alpha_4 LSHR_{it} + \beta_1 MB_{it} + \beta_2 (E/BE)_{it} + \beta_3 \ln ME_{it} + \beta_4 DA_{it} + \beta_5 EPS_{it}) + \varepsilon_{it}$$

(6-6)

被解释变量 $Payer_{it}$ 表示第 i 个公司第 t 期现金分红倾向,取值为1时表示分红,取值为0时表示不分红。影响 $Payer_{it}$ 的解释变量主要包括每股股东自由现金流量(CF_{it})、股权集中度($H1_{it}$)、股权制衡度(H_{it})、流通股比例($LSHR_{it}$)。控制变量包括成长性(MB_{it})、盈利性[$(E/BE)_{it}$]、公司规模($\ln ME_{it}$)、资产负债率(DA_{it})和每股未分配利润(EPS_{it})。其中,由于1996年等前期年份缺乏 $H10_{it}$ 的数据统计,故股权集中度用第一大股东持股比例($H1_{it}$)衡量;股权制衡度 $H_{it} = (H10_{it} - H1_{it})/H10_{it}$;公司规模以公司总资产表示,在应用时做自然对数处理;成长性选取营业收入同比增长率作为代表;盈利性用总资产净利率(ROA_{it})作为公司整体盈利性的代表;资产负债率即负债占总资产的比重,对现金分红有重要影响;ε_{it} 为随机误差项。

根据已有研究预测,每股股东自由现金流量、股权集中度、股权制衡度、流通股比例、成长性、盈利性、公司规模和每股未分配利润对现金分红倾向产生正向影响,而资产负债率对现金分红倾向产生负向影响。

模型2

$$DPS_{it} = \alpha_1 CF_{it} + \alpha_2 H1_{it} + \alpha_3 H_{it} + \alpha_4 LSHR_{it} + \beta_1 MB_{it} + \beta_2 (E/BE)_{it} + \beta_3 \ln ME_{it} + \beta_4 DA_{it} + \beta_5 EPS_{it} + \delta_i + \varepsilon_{it}$$

(6-7)

被解释变量 DPS_{it} 表示第 i 个公司第 t 期现金分红比例。影响 DPS_{it} 的解释变量主要包括每股股东自由现金流量、股权集中度、股权制衡度、流通股比例。控制变量包括成长性、盈利性、公司规模、资产负债率和每股未分配利润。其中，由于1996年等前期年份缺乏$H10_{it}$的数据统计，故股权集中度用第一大股东持股比例（$H1_{it}$）衡量；股权制衡度$H_{it}=(H10_{it}-H1_{it})/H10_{it}$；公司规模以公司总资产表示，在应用时做自然对数处理；成长性选取营业收入同比增长率作为代表；盈利性用总资产净利率作为公司整体盈利性的代表；资产负债率即负债占总资产的比重，对现金分红有重要影响；δ_i代表上市公司非观测个体效应，反映了不同上市公司间持续存在的差异，如不同公司存在不同的管理经营方式、文化价值等；ε_{it}为与公司和时间均无关的随机误差项。

根据已有研究预测，每股股东自由现金流量、股权集中度、股权制衡度、流通股比例、成长性、盈利性、公司规模和每股未分配利润对现金分红产生正向影响，而资产负债率则对现金分红产生负向影响。

（3）样本选择。选择2006年底前实施股权分置改革并复牌的公司，剔除金融类公司、同时发行B股或H股公司、海外上市公司、特殊处理（ST、PT、*ST）与退市公司、亏损及数据异常或缺失的A股上市公司，收集到1996—2016年共5439个样本。

6.3 实证分析

6.3.1 现金分红意愿和股利溢价计算及其基本关系

表6-1所示为1996—2015年样本数量及上市公司特征变量的均值。由表6-1可知，现金分红倾向变量均值（$Payer$）整体呈上升之势，由1999年的0.364逐年增加到2015年的0.836，初步表明上市公司具有增加现金分红的倾向。

表 6-1 1996—2015 年上市公司特征变量基本统计

年份	样本数	Payer 均值	Payer 标准差	ME 均值	ME 标准差	E/BE(ROA) 均值	E/BE(ROA) 标准差	MB 均值	MB 标准差	DA 均值	DA 标准差	H10 均值	H10 标准差	LSHR 均值	LSHR 标准差
1996	110	0.464	0.501	1.699	0.818	7.213	4.951	9.757	33.066	39.874	15.438	35.962	25.846	31.569	10.758
1997	237	0.312	0.464	1.877	0.760	8.379	4.332	18.612	39.369	38.104	14.659	10.229	21.105	31.770	10.516
1998	326	0.347	0.477	2.182	0.750	7.261	4.200	11.554	39.170	38.225	15.092	19.900	27.039	31.641	9.374
1999	382	0.364	0.482	2.359	0.749	6.621	3.644	14.168	30.334	37.828	14.763	23.099	28.531	33.140	9.969
2000	428	0.762	0.427	2.570	0.730	5.791	3.433	23.437	38.787	39.879	14.316	48.151	17.853	35.968	11.023
2001	464	0.780	0.415	2.638	0.749	4.854	3.015	20.445	38.962	39.684	15.250	46.885	17.905	36.769	10.500
2002	519	0.705	0.456	2.732	0.787	4.235	2.872	20.919	31.424	41.046	15.335	46.318	17.120	37.557	10.626
2003	479	0.635	0.482	2.831	0.813	4.191	3.027	23.569	34.116	43.430	16.459	46.637	16.589	37.682	10.221
2004	573	0.745	0.436	2.888	0.866	4.366	3.219	29.671	33.247	45.438	16.841	44.831	16.620	37.778	10.231
2005	567	0.670	0.470	2.941	0.904	4.353	3.440	21.142	33.564	46.969	17.541	42.778	16.073	40.846	11.040
2006	572	0.678	0.468	3.098	0.941	4.754	3.828	25.758	34.981	49.205	17.036	37.424	14.633	49.895	12.430
2007	488	0.648	0.478	3.269	0.971	5.901	5.353	22.381	32.372	48.702	17.219	37.062	14.684	57.613	14.619
2008	526	0.713	0.453	3.416	1.002	5.109	5.348	13.251	28.255	48.310	17.521	37.870	14.727	64.917	18.680
2009	498	0.727	0.445	3.535	1.001	5.512	4.867	8.427	31.918	48.742	17.903	37.083	15.571	80.635	22.212
2010	556	0.669	0.470	3.721	1.088	5.637	4.596	25.855	30.455	49.841	17.867	36.424	15.831	86.073	20.889

续表

年份	样本数	Payer 均值	Payer 标准差	ME 均值	ME 标准差	E/BE(ROA) 均值	E/BE(ROA) 标准差	MB 均值	MB 标准差	DA 均值	DA 标准差	H10 均值	H10 标准差	LSHR 均值	LSHR 标准差
2011	568	0.732	0.443	3.890	1.146	5.708	4.920	17.877	25.951	50.438	18.360	36.543	15.780	90.803	17.984
2012	569	0.868	0.338	3.997	1.168	5.200	4.755	11.545	26.785	49.915	18.498	36.194	16.193	91.068	17.507
2013	589	0.873	0.333	4.119	1.164	4.993	4.487	11.335	23.219	50.210	18.966	36.839	16.043	90.948	17.429
2014	572	0.841	0.366	4.188	1.150	4.702	4.541	7.793	27.221	48.966	19.308	36.809	16.068	91.100	16.753
2015	501	0.836	0.370	4.287	1.157	4.627	4.149	6.839	29.021	47.924	19.021	35.582	15.138	90.219	16.692

6 股改视角下上市公司现金分红迎合及其治理动因实证

利用经验数据对式（6-1）进行股利支付决策模型的 Logit 回归，得到 1996—2015 年的模型系数估计，如表 6-2 所示。结果显示，股权结构变量中的股权集中度除了 2000 年、2004 年和 2015 年对现金分红倾向影响为负且不显著外，其余年份均为正向影响，而且多数年份的正向影响显著；流通股比例在 2010 年之前基本上对现金分红倾向产生较为显著的负向影响，从 2010 年开始产生显著的正向影响。公司特征变量中，除了成长性不显著外，其他变量如公司规模、代表盈利性的总资产净利率和资产负债率均对现金分红倾向产生显著影响。其中，公司规模、总资产净利率显著为正，资产负债率显著为负。从各模型解释变量的主要系数符号来看，公司规模越大，盈利性越好，股权集中度越高，流通股比例越高，资产负债率越低，上市公司越倾向现金分红；反之则收缩现金分红。以上实证研究与相关股利政策理论基本一致。

表 6-2 1996—2015 年现金股利支付决策的 Logit 回归

年份	lnME	ROA	MB	DA	H1	LSHR	常数项
1996	0.397 (0.255)	0.0434 (0.0572)	0.00551 (0.00846)	-0.0050 (0.0142)	0.00234 (0.00803)	-0.0295 (0.0223)	-0.144 (1.268)
1997	0.560** (0.256)	0.0243 (0.0438)	-0.00400 (0.00399)	0.0116 (0.0141)	0.06770*** (0.0120)	-0.0480* (0.0251)	-1.727 (1.191)
1998	0.370** (0.179)	0.0389 (0.0325)	-0.00303 (0.00336)	-0.000967 (0.00927)	0.00347 (0.00444)	0.0080 (0.0130)	-1.988** (0.780)
1999	0.493*** (0.169)	0.1000*** (0.0365)	-0.00423 (0.00403)	0.0107 (0.00914)	0.00902** (0.00400)	-0.0294** (0.0124)	-2.015*** (0.734)
2000	0.224 (0.197)	0.2770*** (0.0670)	0.000671 (0.00326)	0.00845 (0.00851)	-0.00104 (0.00763)	-0.0102 (0.0119)	-0.759 (1.008)
2001	0.704*** (0.192)	0.2710*** (0.0872)	0.000694 (0.00390)	-0.0170* (0.00882)	0.00606 (0.00821)	-0.0263* (0.0130)	-0.245 (0.990)
2002	0.327** (0.148)	0.3740*** (0.0808)	-0.00108 (0.00350)	-0.0105 (0.00775)	0.01110 (0.00700)	-0.0206* (0.0112)	-0.598 (0.844)
2003	0.550*** (0.160)	0.2540*** (0.0636)	0.00450 (0.00339)	-0.0267*** (0.00712)	0.00063 (0.00706)	-0.0230* (0.0119)	0.00574 (0.825)

续表

年份	lnME	ROA	MB	DA	H1	LSHR	常数项
2004	0.441** (0.174)	0.4780*** (0.0782)	0.00394 (0.00319)	-0.0122 (0.00748)	-0.00158 (0.00697)	-0.0135 (0.0112)	-0.706 (0.809)
2005	0.522*** (0.138)	0.2840*** (0.0630)	0.00727 (0.00493)	-0.0149** (0.00669)	0.01620** (0.00726)	-0.0261*** (0.00960)	-0.822 (0.736)
2006	0.687*** (0.128)	0.2390*** (0.0573)	0.000592 (0.00336)	-0.0229*** (0.00710)	0.02510*** (0.00924)	-0.00869 (0.00980)	-1.568** (0.793)
2007	0.621*** (0.141)	0.0128 (0.0271)	-0.00244 (0.00354)	-0.00813 (0.00751)	0.01780 (0.0110)	-0.0187* (0.0105)	-0.507 (0.984)
2008	0.539*** (0.149)	0.1880*** (0.0494)	0.00231 (0.00399)	-0.00845 (0.00758)	0.02330** (0.00954)	0.00134 (0.00696)	-2.186*** (0.813)
2009	0.477*** (0.143)	0.07730** (0.0339)	0.00412 (0.00491)	-0.0163** (0.00788)	0.01580* (0.00830)	-0.00493 (0.00586)	-0.429 (0.763)
2010	0.573*** (0.120)	0.1580*** (0.0352)	-0.00261 (0.00330)	-0.0145** (0.00692)	0.01870*** (0.00718)	0.0077 (0.00559)	-2.696*** (0.749)
2011	0.594*** (0.127)	0.1220*** (0.0375)	-0.00457 (0.00438)	-0.0128* (0.00756)	0.00768 (0.00715)	0.0116** (0.00565)	-2.446*** (0.800)
2012	0.875*** (0.202)	-0.00564 (0.0314)	-0.00343 (0.00547)	-0.0310*** (0.0108)	0.00978 (0.00878)	0.0149** (0.00679)	-1.422 (0.972)
2013	0.540*** (0.162)	0.0241 (0.0409)	-0.000164 (0.00709)	-0.0187** (0.00934)	0.01960** (0.00962)	0.0240*** (0.00690)	-2.192** (1.063)
2014	0.509*** (0.153)	0.0779 (0.0741)	0.01780** (0.00694)	-0.01500* (0.00882)	0.00979 (0.00881)	0.01870** (0.00733)	-2.080* (1.079)
2015	0.662*** (0.166)	0.0919 (0.0680)	0.00196 (0.00485)	-0.0192** (0.00958)	-0.00791 (0.00931)	0.0203*** (0.00719)	-2.083** (0.996)

注：回归系数括号内的数值为稳健性标准误；*** 表示 $p<0.01$，** 表示 $p<0.05$，* 表示 $p<0.1$。

6.3.2 股利溢价对支付意愿的影响预测回归

把表6-1和表6-2的相关数据分别代入式（6-4）和式（6-3），获得各年度市场现金分红预期概率（Expratio）及分红意愿，与投资者现金分红偏好（股利溢价）共同描绘成图6-2。

6 股改视角下上市公司现金分红迎合及其治理动因实证

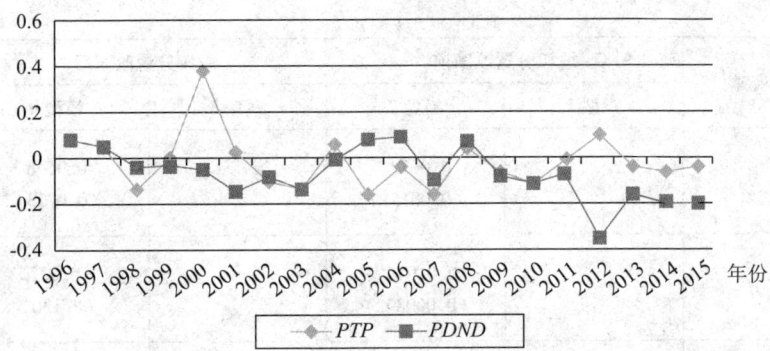

图 6-2 1996—2015 年股权分置改革前后上市公司股利溢价和现金分红意愿的关系

通过分析股利溢价对现金分红意愿的影响预测模型[式(6-2)],结果如表 6-3 所示。对式(6-2)的回归分析为两个部分：以 2006 年为时间点,2006 年之前(1997—2005)为股权分置改革前的部分,2006 年之后(2006—2015)为股权分置改革后的部分。通过对股权分置改革前后两个部分的回归结果进行比较分析,验证股权分置改革对现金分红意愿的影响。

表 6-3 1997—2015 年股利溢价对支付意愿的影响预测回归

变量	股权分置改革前		股权分置改革后	
	模型 1	模型 2	模型 3	模型 4
PDND	0.0155 (0.574)	0.5040* (0.0787)	−0.1170 (0.232)	−0.0465 (0.577)
lnME		1.0070** (0.0196)		−0.2040 (0.416)
ROA		0.3090** (0.00692)		−0.0926 (0.0919)
MB		0.0270*** (0.000405)		−0.00772 (0.00883)

续表

变量	股权分置改革前		股权分置改革后	
	模型 1	模型 2	模型 3	模型 4
DA		-0.0672** (0.00151)		0.0546 (0.0723)
$H1$		0.0104** (0.000392)		-0.0272 (0.130)
$LSHR$		0.0154 (0.00293)		0.00158 (0.00746)
常数项	0.00152 (0.0646)	-2.9870** (0.156)	-0.0477 (0.0324)	-0.4860 (4.158)
R-squared	0.0001	0.9999	0.0450	0.4610
样本数	9	9	10	10

注：回归系数括号内的数值为稳健性标准误；*** 表示 $p<0.01$，** 表示 $p<0.05$，* 表示 $p<0.1$。

股权分置改革前后两个部分均包括无控制变量及增加控制变量两个模型。如表6-3所示，在股权分置改革前的部分，模型1为股利溢价对现金分红意愿的影响，回归系数为0.0155且不显著。模型2在模型1的基础上，增加了公司规模、总资产净利率、成长性、资产负债率、股权集中度和流通股比例等控制变量。回归结果显示，股利溢价系数为0.504，在10%的水平上显著为正，其他控制变量如公司规模、总资产净利率、股权集中度对现金分红意愿的影响在5%的水平上显著为正，成长性在1%的水平上显著为正，资产负债率在5%的水平上显著为负，而流通股比例的影响为正且不显著。总体而言，除了成长性变量外，股利溢价和其他各个控制变量对现金分红意愿的影响均符合预期假设。在股权分置改革后的部分，模型3为股利溢价对现金分红意愿的影响，回归系数为-0.117且不显著。模型4在模型3的基础上增加了控制变量。研究结果表明，各个变量对现金分红意愿的影响均不显著。其中，股利溢价为负向影响，控制变量除了资产负债率和流通股比例影响为正外，其余变量均为负向影响，而且只有成长性和流通股比例两个变量的影响符合预期假设。

6.3.3 股权分置改革前后现金分红政策迎合行为对比检验

本节利用股权分置改革前后上市公司现金分红混合面板数据对式（6-6）和式（6-7）两个计量模型进行检验，各变量的描述性统计特征如表6-4所示。

表6-4 变量的描述性统计特征

变量	含义	样本数	均值	标准差	最小值	最大值
Payer	现金分红倾向变量均值	5439	0.761	0.427	0	1.000
DPS=PR	现金分红比例	5439	30.231	39.569	0	1083.113
CF	每股股东自由现金流量	5439	0.393	1.377	-17.173	28.057
H1	第一大股东持股比例	5439	36.783	15.499	4.490	89.090
H=(H10-H1)/H0	股权制衡度	5439	0.309	0.196	0.005	0.868
LSHR	流通股比例	5439	79.626	23.214	10.735	100.000
MB	营业收入同比增长率	5439	15.165	29.907	-90.852	291.700
ROA	总资产净利率	5439	5.206	4.710	0.007	51.657
lnME	总资产对数	5439	3.759	1.152	0.412	8.725
DA	资产负债率	5439	49.265	18.204	1.446	89.822
EPS	每股未分配利润	5439	1.278	1.297	0.0004	27.645

面板数据分为两个部分：以2006年为时间点，2006年之前

（1997—2005）为股权分置改革前的部分，2006年之后（2006—2015）为股权分置改革后的部分。运用股权分置改革前后两个部分的面板数据分别对式（6-6）和式（6-7）进行计量回归，比较分析股权分置改革对现金分红倾向（$Payer$）和现金分红情况（DPS）的影响。

股权分置改革前后两个部分均包括无控制变量及增加控制变量两个模型。通过 Hausman 检验，判断模型 1 至 8 究竟是选择固定效应模型（FE）还是随机效应模型（RE）进行估计，结果表明固定效应模型更优。

股权分置改革前的部分，模型 1 和模型 2 为被解释变量对现金分红倾向的回归结果。其中，模型 1 为股权结构变量，即每股股东自由现金流、股权集中度、股权制衡度和流通股比例对现金分红倾向的影响。由模型 1 可知，股权结构变量均对现金分红倾向产生正向影响，其中每股股东自由现金流对其影响不显著，股权集中度、股权制衡度和流通股比例在 1% 的水平上显著为正。为了验证模型 1 的稳健性，模型 2 中加入了成长性（营业收入同比增长率）、盈利性（总资产净利率）、公司规模、资产负债率和每股未分配利润等 5 个表现公司治理特征的控制变量。回归结果显示，4 个股权结构变量的影响系数显著为正。其中，每股股东自由现金流和流通股比例在 5% 的水平上显著为正，股权集中度和股权制衡度在 1% 的水平上显著为正。控制变量中的成长性对现金分红倾向的影响系数在 5% 的水平上显著为正，盈利性和公司规模在 1% 的水平上显著为正，资产负债率和每股未分配利润均在 1% 的水平上显著为负。在模型 2 中，除了每股未分配利润外，其他变量对现金分红倾向的影响均符合预期假设，表明股权分置改革前，每股股东自由现金流和流通股比例越高，股权集中度和股权制衡度越高，成长性和盈利性越好，公司规模越大，资产负债率越低，上市公司越倾向于现金分红。模型 3 和模型 4 为被解释变量对现金分红情况的回归结果，通过这两个模型挖掘影响现金分红的主要因素。在模型3中,每股股东自由现金流、股权集中度、股权制衡度和流通股比例均对现金分红情况产生正向影响。其中,每股股东自由现金流和股权制衡度影响不显著,股权集中度和流通股比例在5%的水平上显著为正。为了验证模型3的稳健性,在模型4中加入成长性、盈利性、公司规模、资产负债率和每股未分配利润等控制变量。结果表明,每股股东自由现金流、股权集中度、股权制衡度和流通股比例对现金分红情况仍然产生正向影响。其中,每股股东自由现金流、股权制衡度和流通股比例的影响不显著,股权集中度在5%的水平上显著。控制变量中只有公司规模的影响为正且不显著,其余变量均为负向影响,其中成长性影响不显著,盈利性和每股未分配利润在1%的水平上显著为负,资产负债率在5%的水平上显著为负。模型4中加入控制变量后,每股股东自由现金流、股权集中度、股权制衡度和流通股比例对现金分红情况的影响依然符合预期水平。控制变量中只有公司规模和资产负债率的影响符合预期。总体而言,股权集中度、盈利性、资产负债率和每股未分配利润是影响现金分红的主要动因。股权集中度是正向动因,而盈利性、资产负债率和每股未分配利润是负向动因。

股权分置改革后的部分,模型被解释变量和解释变量的构成同股权分置改革前的部分。模型5和模型6为被解释变量对现金分红倾向的回归结果。在由股权结构变量组成解释变量的模型5中,每股股东自由现金流、股权集中度、股权制衡度和流通股比例均对现金分红倾向产生显著影响。其中,每股股东自由现金流在1%的水平上产生显著负向影响,股权集中度和流通股比例在1%的水平上显著为正,股权制衡度在5%的水平上显著为正。模型6加入了公司治理特征变量作为控制变量,回归结果显示,每股股东自由现金流和股权集中度在10%的水平上对现金分红倾向的影响显著为负,股权制衡度在5%的水平上显著为负,流通股比例为不显著的正向影响，股权结构变量中只有流通股比例符合预期理论假设。在控制变量中，成长性、盈利性、公司规模、每股未分配利润均对现金分红倾向产生正向影响。其中，成长性的影响不显著，盈利性、公司规模、每股未分配利润均在1%的水平上显著为正，而资产负债率则在1%的水平上对现金分红倾向产生显著的负向影响。模型6的结果表明，各项控制变量的影响方向符合理论假设预期。

模型7和模型8为被解释变量对现金分红情况的回归结果，通过这两个模型挖掘股权分置改革后影响现金分红的主要因素。模型7中，每股股东自由现金流、股权集中度、股权制衡度和流通股比例均对现金分红情况产生负向影响。其中，只有每股股东自由现金流的影响在10%的水平上显著为负，其他3个变量的影响均不显著。在模型8中加入控制变量后，每股股东自由现金流对现金分红情况产生的影响由显著的负向影响变为不显著的正向影响，其他3个变量仍然为不显著的负向影响。在成长性、盈利性、公司规模、资产负债率和每股未分配利润5个控制变量中，只有每股未分配利润产生正向影响，并且影响不显著，其他4个变量均产生负向影响。其中，成长性和公司规模影响不显著，盈利性和资产负债率在1%的水平上显著为负。总体而言，在模型8中，只有每股股东自由现金流、资产负债率和每股未分配利润的影响系数方向符合理论预期假设，盈利性和资产负债率是影响现金分红的主要动因。上市公司现金股利决定模型如表6-5所示。

6 股改视角下上市公司现金分红迎合及其治理动因实证

表6-5 上市公司现金股利决定模型

变量	股权分置改革前				股权分置改革后			
	Payer		DPS		Payer		DPS	
	模型1(FE)	模型2(FE)	模型3(FE)	模型4(FE)	模型5(FE)	模型6(FE)	模型7(FE)	模型8(FE)
CF	0.0929 (0.0579)	0.1520** (0.0616)	0.338 (0.865)	1.004 (0.931)	-0.1180*** (0.0388)	-0.0815* (0.0468)	-0.545* (0.315)	0.1600 (0.319)
H1	0.0653*** (0.0114)	0.0665*** (0.0119)	0.160** (0.178)	0.426** (0.177)	0.0272*** (0.00900)	-0.0190* (0.0108)	-0.197 (0.231)	-0.0151 (0.195)
$H=(H10-H1)/H10$	2.4320*** (0.68)	2.2730*** (0.717)	11.130 (10.83)	15.100 (10.85)	1.0860** (0.542)	-1.2440** (0.626)	-7.682 (6.528)	-0.0355 (6.719)
LSHR	0.0287*** (0.00918)	0.0247** (0.0119)	0.301** (0.132)	0.145 (0.142)	0.0182*** (0.00227)	0.00223 (0.00278)	-0.025 (0.0285)	-0.0196 (0.0314)
MB		0.00354** (0.00157)		-0.0256 (0.0233)		0.000614 (0.00148)		-0.0275 (0.0188)
ROA		0.1810*** (0.0248)		-1.595*** (0.464)		0.1060*** (0.0181)		-1.3910*** (0.243)
lnME		1.4550*** (0.262)		4.239 (4.070)		1.1130*** (0.122)		-0.9500 (1.514)
DA		-0.0312*** (0.00790)		-0.272** (0.122)		-0.0379*** (0.00621)		-0.4590*** (0.0791)
EPS		-1.0050*** (0.295)		-18.880*** (3.991)		0.3750*** (0.0947)		0.3170 (0.594)

续表

变量	股权分置改革前				股权分置改革后			
	Payer		DPS		Payer		DPS	
	模型1(FE)	模型2(FE)	模型3(FE)	模型4(FE)	模型5(FE)	模型6(FE)	模型7(FE)	模型8(FE)
常数项			7.019 (12.69)	26.450* (14.21)			42.020*** (10.89)	65.7000*** (13.85)
个体固定效应	显著	显著	显著	显著				
R-squared	0.0100	0.0300	0.001	0.024				
样本数	2255	2255	3733	3733	2989	2989	5436	5436

注：在因变量为 Payer 的模型中，括号内的数值为标准误；在因变量为 DPS 的模型中，括号内的数值为稳健性标准误；*** 表示 $p<0.01$，** 表示 $p<0.05$，* 表示 $p<0.1$。

6.4 结论分析

从股权分置改革前后对比来看,股权分置改革前,我国上市公司现金分红较符合股利迎合理论的解释,即现金分红产生的股利溢价和现金分红意愿之间呈显著的正向关系,并且模型中控制变量符号符合预期,作为公司治理特征的股权集中度、流通股比例均产生了正向影响,第一大股东比例的影响显著。这说明大股东在股权分置改革前以现金红利为主要获利方式,而且现金分红政策也较好地迎合了投资者的需求。股权分置改革后股利溢价和现金分红意愿之间并未构建起符合显著性要求的模型,并且两者呈负向关系,说明现金分红并不具有迎合特征。股权分置改革后随着全流通的推进及市场的波动,现金股利对投资者的吸引力下降,而股票股利这一股利政策受到市场的热捧,非流通股限售的解禁逐渐受到上市公司的青睐,成为日后解禁套现的重要推手。随着对上市公司股利政策研究的不断深入,对股利迎合理论的研究有必要拓展到对股票股利的研究,并且需要对2006年以后强化现金分红机制的不断完善加以考虑。

7 上市公司股票股利政策迎合行为及其治理动因实证

7.1 问题的提出

股票股利,即把未公开发行的股票作为股息派发给股东的利润分配形式。股票股利既不会导致现金流出,也不改变公司资产负债结构,因为我国上市公司的公积金转增和送红股具有类似效果,所以常被纳入股票股利中一起研究。近年来,我国上市公司热衷于实施股票股利,而且高送转现象频出,已成为热点,也因此受到监管部门的密切关注。截至2016年8月底,在已公布的2016年中期分配预案的102家公司中,有41家公司实施"10送转10"以上的高送转股票股利政策。其中,实施"10送转20"的有20家公司,实施"10送转30"的有5家公司。交易所不得不向其中一些公司发关注函,密切关注公司盈利状况、减持预期及信息披露等影响投资者权益的重要内容。

股利迎合理论认为,当投资者愿意支付更高的股利溢价时,管理者就会理性迎合投资者的需求,进行股利支付或多发股利。虽然我国上市公司现金分红支付率低,但是一直比较青睐股票股利,是否意味着投资者股票股利需求较高并引来管理者的理性迎合呢? 不同市场板块和不同类型的上市公司有什么迎合表现? 其治理成因如何? 这些是国外市场少有而中国市场特有的耐人寻味的问题。

7.2 研究思路与模型构建

7.2.1 研究思路

1. 迎合理论的初步检验

本章遵循迎合理论的基本思想，即管理者理性地迎合投资者的需求，当投资者愿意支付正的股利溢价时，管理者倾向发放股利；反之则相反。迎合理论的检验，关键是考察股利溢价和股利支付意愿的相关性。根据 Baker 和 Wurgler（2004a）对股利溢价的计算，本书将研究样本分为送转股组和不分红组，计算二者的公司市值与账面价值比的均值之差，以此代表股利溢价。股利溢价为正，则代表投资者股利偏好为正，管理者倾向实施股票股利；股利溢价为负（折价），则代表投资者股利偏好为负，管理者倾向不实施股票股利。

关于管理者股利支付意愿的计算，本章不再通过 Logit 回归模型预测股利发放期望，而是计算实际支付率与期望支付率之差求得。既然上市公司热衷于股票股利，那么通过研究实施股票股利样本公司的比例增减情况就可做简单衡量。

关于股利迎合理论检验，本章提出假设 1。

H_1：股利迎合理论对我国上市公司送转股行为具有解释力。

2. 股票股利的迎合行为及其治理动因

从实际经验来看，公积金越多，送转股潜力越大；股票价格越高，送转股比例越高；股本越小，送转股可能性越大。经典公司治理理论认为，股票股利不涉及现金分红，只传递管理者留存收益以获取高速成长性的信息；"适合价格说"认为，公司为保持股票流动性，通过股票股利让股票价格降至一个合理区间；行为学视角下的"价格幻觉说"认为，投资者对低股价有显著偏好，而且认为送转股有"免费"幻觉，从而对股票股利有特别的偏好。信号传递和"适合价格说"在我国市场并不一定适用，但投资者对股票股利的非理性偏好却是比较明显的。从股利迎合的视角来看，管理者会理性地迎合投资者的偏好，通过实施股票股利，特别是通过实施高送转来获取投资者高额股利溢价，进而实现大股东解禁、大股东及管理者减持、定向增发、资产重组、股权激励、员工持股计划等目标。为实现解禁套现等目标而迎合中小股东非理性偏好的行为，会对中小股东的权益造成损害。股票股利的决策，与股权结构、股权属性、股权制衡度、股本扩张需求、减持动机等治理因素有关。本章拟在综合研究的基础上，对主板、中小板与创业板市场中不同类别公司的混合面板数据进行检验。

关于股票股利迎合行为的治理动因检验，本章提出以下假设。

H_2：股利需求越大，送转股的可能性和比例越大。

H_3：流通股比例越大，送转股的可能性和比例越大。

H_4：股权制衡度越强，送转股的可能性和比例越大。

H_5：大股东与高管减持发生时，送转股的可能性和比例较大。

7.2.2 模型构建与变量选取

1. 模型构建

在研究股票股利的迎合行为及其治理动因时，分别以 $Payer$ 和 Per 为被解释变量，以 PD 和 GR 为解释变量，以 CC 为控制变量，构建混合面板回归模型如下。

模型 1：$Payer_{it} = a + b\,PD_{it} + c\,GR_{it} + d\,CC_{it} + \eta_i + \varepsilon_{it}$ （7-1）

模型 2：$Per_{it} = a + b\,PD_{it} + c\,GR_{it} + d\,CC_{it} + \eta_i + \varepsilon_{it}$ （7-2）

其中，PD_{it} 为投资者股利需求（溢价）；GR_{it} 为公司治理变量；CC_{it} 为公司特征控制变量；η_i 表示上市公司非观测个体效应，反映了不同上市公司间持续存在的差异，如不同公司存在不同的管理经营方式、文化价值等；ε_{it} 表示与公司个体和时间均无关的随机误差项。式（7-1）用 Logit 回归模型①进行估计，式（7-2）用混合面板数据模型进行估计。

2. 变量选取

（1）股票股利支付变量。①股票股利支付情况（$Payer$）：$Payer$ 为虚拟变量，当公司实施送转股时，$Payer = 1$；当公司不支付任何股利时，$Payer = 0$。②股票股利支付比例（Per）：Per 为公司送股数和转增股数合计。如某公司送转股方案为 10 送 3 转 2，则送股比例为 0.3，转股比例为 0.2，送转股比例合计为 0.5。

（2）投资者股利需求（PD）。借鉴 Baker 和 Wurgler（2004a）对股利溢价的定义，以市值账面价值比的自然对数作为每个公司投资者股利溢价（需求）的代理变量，即 $PD = \ln(M/B)$。其中 M 为总市值，B 为所有者权益。

（3）公司治理变量（GR）。①股权制衡度（H）：前十大股东与第一大股东持股比例之差与前十大股东持股比例之比，即 $H = \dfrac{H10 - H1}{H10}$。②流通股比例（$LSHR$）：流通股占总股本比例。③大股东或高管减持（$DB$）：虚拟变量，发生时为 1，不发生时为 0。④高送转股（PAD）：界定为 10 股送转股 10 股即为高送转股，为虚拟变量，$PAD = Payer \times DB$，属于高送转股时为 1，非高送转股时为 0。

---

① 考虑到股利政策分布的肥尾特点，采用 Logit 模型而非 Probit 模型。

(4) 公司特征变量（*CC*）。①收益性指标（*E/EB*）：以净资产收益率（*ROE*）代表收益性指标，即净利润与所有者权益之比。②每股未分配利润（*TEPS*）：平均每股未分配利润。③成长性指标（*MB*）：用营业收入同比增长率来衡量成长性，即主营业务收入同比增长百分比。④每股净资产（*BPS*）：每股平均净资产额。⑤市净率（*P/B*）：股票市价与每股净资产之比。

根据已有研究，对式（7-1）提出如下假设：*PD*、*H*、*LSHR*、*ROE*、*TEPS*、*MB*、*BPS* 等变量对 *Payer* 产生正向影响，*P/B* 对 *Payer* 产生负向影响。对式（7-2）提出如下假设：*PD*、*H*、*LSHR*、*PAD*、*ROE*、*TEPS*、*MB*、*BPS* 等变量对 *Per* 产生正向影响，*P/B* 对 *Per* 产生负向影响。

7.3 实证分析

7.3.1 样本选择与数据来源

为了更好地区分主板、中小板与创业板，并尽可能消除股权分置改革带来的影响，选取 2009—2015 年的数据，其中大股东或高管减持一般发生在中报或年报发布之后，所以每年变量取值参考当年下半年和次年上半年。样本公司剔除发放纯现金股利公司、金融类公司、特殊处理（ST 或 *ST）的公司、亏损公司、净资产为负数的公司、数据异常或缺失公司，所有数据来源于同花顺 iFinD 金融数据，最后筛选出的样本数为 5268 个。

7.3.2 股利溢价和股利支付意愿的相关性

根据样本公司股利政策实施情况,分为送转股组和不分红组,并将每10股送转10股以上的股利政策方案设定为高送转方案,两组公司描述性统计和年度平均股利溢价如表7-1所示。

表7-1 2009—2015年送转股比例及其股利溢价

项目	2009年	2010年	2011年	2012年	2013年	2014年	2015年
送转股公司数(家)	296	506	536	414	419	549	631
高送转股公司数(家)	61	175	202	153	169	314	437
不分红公司数(家)	251	302	319	219	195	238	393
样本数(个)	547	808	855	633	614	787	1024
高送转股占送转股比例(%)	20.60	34.60	37.70	37.00	40.30	57.20	69.30
送转股占样本比例(%)	54.10	62.60	62.70	65.40	68.20	69.80	61.60
不分红组平均 M/B	4.30	4.60	2.60	2.70	2.83	3.25	5.76
送转股组平均 M/B	5.15	5.06	2.80	2.82	3.88	4.26	6.71
高送转股组平均 M/B	5.52	5.12	2.82	2.93	3.96	4.45	7.59
送转股组股利溢价	0.18	0.10	0.07	0.04	0.32	0.27	0.15
高送转股组股利溢价	0.25	0.11	0.08	0.08	0.34	0.31	0.28

资料来源:根据同花顺 iFinD 资讯数据整理。

从表7-1可知,2009—2015年送转股的股利溢价始终为正,尤其高送转股公司股利溢价一直大于送转股公司股利溢价,足以说明我国投资者对上市公司股票股利有较强的偏好,愿意为送转股特别是高送转股付出更高的股利溢价。与此相对应的是,样本公司中高送转股公司占送转股公司的比重更是从2009年的20.60%升至2015年的69.30%,说明上市公司充分迎合了投资者的需求,维持了较高的股票股利比例,并倾向实施高送转股以获取较高的股利溢价,H_1 可接受。

7.3.3 股票股利的迎合行为及其治理动因检验

在全样本的基础上,进一步把全样本细分为主板、中小板与创业板两个市场,然后以全样本、主板、中小板与创业板市场的面板数据分别对式(7-1)和式(7-2)进行回归分析。表7-2、表7-3和表7-4分别为全样本、主板、中小板与创业板变量描述性统计特征,其中全样本的样本数为5268个,主板的样本数为2271个,中小板与创业板的样本数为2997个。主板送转股情况(Payer)和每股送转股(Per)的均值分别为0.418和0.283,远低于中小板与创业板的均值水平(0.801和0.644),表明中小板与创业板市场的送转股比例更高。

表7-2 全样本变量描述性统计特征

变量	含义	样本数	均值	标准差	最小值	最大值
$Payer$	送转股情况	5268	0.636	0.481	0	1.000
Per	每股送转股	5268	0.489	0.511	0	3.000
$PD=\ln(M/B)$	股利溢价替代变量,市值账面价值比的自然对数	5268	1.267	0.623	-0.690	3.728
$(H10-H1)/H10$	股权制衡度	5268	0.405	0.193	0.011	0.889
$LSHR$	流通股比例	5268	65.128	29.663	4.978	100.000
PAD	高送转虚拟变量(10股送转10股以上为高送转股)	5268	0.315	0.646	0	1.000
ROE	净资产收益率	5268	10.220	9.206	-66.400	91.160
$TEPS$	每股未分配利润	5268	1.354	1.384	0.004	39.900
BPS	每股净资产	5268	5.041	3.187	0.630	46.787
PB	市净率	5268	4.587	3.424	0.559	41.734
MB	主营业务增长率	5268	15.597	26.745	-97.769	99.812

7 上市公司股票股利政策迎合行为及其治理动因实证

表7-3 主板变量描述性统计特征

变量	含义	样本数	均值	标准差	最小值	最大值
$Payer$	送转股情况	2271	0.418	0.493	0	1.000
Per	每股送转股	2271	0.283	0.444	0	2.800
$PD=\ln(M/B)$	股利溢价替代变量,市值账面价值比的自然对数	2271	1.112	0.648	-0.690	3.529
$(H10-H1)/H10$	股权制衡度	2271	0.333	0.194	0.011	0.864
$LSHR$	流通股比例	2271	80.911	25.864	5.828	100.000
PAD	高送转虚拟变量(10股送转10股以上为高送转股)	2271	0.138	0.345	0	1.000
ROE	净资产收益率	2271	9.845	10.461	-66.400	91.160
$TEPS$	每股未分配利润	2271	1.289	1.759	0.0004	39.9003
BPS	每股净资产	2271	3.972	2.692	0.630	46.787
$P/B=PB$	市净率	2271	4.135	3.110	0.559	34.406
MB	主营业务增长率	2271	9.179	26.918	-97.769	99.264

表7-4 中小板与创业板变量描述性统计特征

变量	含义	样本数(个)	均值	标准差	最小值	最大值
$Payer$	送转股情况	2997	0.801	0.399	0	1.000
Per	每股送转股	2997	0.644	0.503	0	3.000
$PD=\ln(M/B)$	股利溢价替代变量,市值账面价值比的自然对数	2997	1.384	0.576	-0.227	3.728
$(H10-H1)/H10$	股权制衡度	2997	0.461	0.174	0.015	0.889
$LSHR$	流通股比例	2997	53.169	26.610	4.978	100.000
PAD	高送转股虚拟变量(10股送转10股以上为高送转股)	2997	0.449	0.498	0	1.000
ROE	净资产收益率	2997	10.504	8.116	-43.680	75.240
$TEPS$	每股未分配利润	2997	1.403	1.008	0.004	15.734
BPS	每股净资产	2997	5.851	3.293	0.979	31.544

续表

变量	含义	样本数（个）	均值	标准差	最小值	最大值
$P/B=PB$	市净率	2997	4.929	3.606	0.824	41.734
MB	主营业务增长率	2997	20.459	25.567	-72.023	99.812

全样本、主板、中小板与创业板市场对式（7-1）和式（7-2）进行回归均包括无控制变量及增加控制变量两部分，分析的结果如表7-5所示。其中，模型1和模型2为全样本对式（7-1）的回归；模型3和模型4为全样本对式（7-2）的回归；模型5和模型6为主板对式（7-1）的回归，模型7和模型8为主板对式（7-2）的回归；模型9和模型10为中小板与创业板对式（7-1）的回归，模型11和模型12为中小板与创业板对式（7-2）的回归。通过Hausman检验判断模型1至12究竟是选择固定效应模型（FE）还是随机效应模型（RE）进行估计，结果表明固定效应模型更优。因而选用固定效应模型进行估计。

7 上市公司股票股利政策迎合行为及其治理动因实证

表 7-5 股票股利迎合行为的治理动因检验

变量	全样本				主板				中小板与创业板			
	Payer		*Per*		*Payer*		*Per*		*Payer*		*Per*	
	模型 1 (FE)	模型 2 (FE)	模型 3 (FE)	模型 4 (FE)	模型 5 (FE)	模型 6 (FE)	模型 7 (FE)	模型 8 (FE)	模型 9 (FE)	模型 10 (FE)	模型 11 (FE)	模型 12 (FE)
PD	-0.219*** (0.101)	0.438* (0.249)	0.0446* (0.0174)	0.0933*** (0.0337)	-0.0402 (0.150)	0.362 (0.347)	-0.00168 (0.0264)	-0.00746 (0.0614)	-0.308** (0.139)	0.488 (0.375)	0.0817*** (0.0231)	0.175*** (0.0406)
$(H10-H1)/H10$	4.438*** (0.601)	3.395*** (0.677)	0.699*** (0.104)	0.549*** (0.102)	4.345*** (0.791)	3.881*** (0.888)	0.635*** (0.129)	0.512*** (0.136)	4.413*** (0.912)	2.547** (1.113)	0.808*** (0.170)	0.552*** (0.166)
$LSHR$	-0.0173*** (0.00238)	0.00333 (0.00309)	-0.00104*** (0.000368)	0.00150*** (0.000424)	-0.00805** (0.00383)	0.00307 (0.00470)	0.000153 (0.000731)	0.00118 (0.000736)	-0.0223*** (0.00314)	0.00448 (0.00421)	-0.00158*** (0.000425)	0.00152*** (0.000524)
PAD			0.326*** (0.0195)	0.332*** (0.0193)			0.409*** (0.0407)	0.375*** (0.0418)			0.306*** (0.0220)	0.314*** (0.0221)
ROE		0.0602*** (0.0104)		0.00309*** (0.00109)		0.0480*** (0.0124)		0.00252* (0.00138)		0.0809*** (0.0184)		0.00372** (0.00171)
$TEPS$		0.755*** (0.189)		0.0212 (0.0252)		0.385* (0.233)		-0.0216 (0.0347)		1.355*** (0.339)		0.0543* (0.0285)
BPS		0.453*** (0.0634)		0.0424*** (0.00582)		0.564*** (0.115)		0.0689*** (0.0198)		0.373*** (0.0805)		0.0363*** (0.00664)
$P/B=PB$		-0.0817* (0.0425)		-0.00311 (0.00627)		-0.0427 (0.0615)		0.00932 (0.0143)		-0.104 (0.0639)		-0.0126** (0.00606)

续表

变量	全样本				主板				中小板与创业板			
	Payer		Per		Payer		Per		Payer		Per	
	模型1 (FE)	模型2 (FE)	模型3 (FE)	模型4 (FE)	模型5 (FE)	模型6 (FE)	模型7 (FE)	模型8 (FE)	模型9 (FE)	模型10 (FE)	模型11 (FE)	模型12 (FE)
MB		0.00103 (0.00243)		0.00075*** (0.000272)		-0.000833 (0.00344)		0.000450 (0.000363)		0.00220 (0.00348)		0.000981*** (0.000404)
常数项			0.114* (0.0593)	-0.326*** (0.0703)			0.00517 (0.0931)	-0.339*** (0.110)			0.106 (0.0937)	-0.359*** (0.104)
个体固定效应			显著	显著			显著	显著			显著	显著
R-squared			0.137	0.195			0.150	0.199			0.139	0.202
样本数(个)	2118	2118	5268	5268	927	927	2271	2271	1191	1191	2997	2997

注：在因变量为 Payer 的模型中，括号内的数值为标准误；在因变量为 DPS 的模型中，括号内的数值为稳健性标准误；*** 表示 $p<0.01$，** 表示 $p<0.05$，* 表示 $p<0.1$。

7 上市公司股票股利政策迎合行为及其治理动因实证

在全样本回归部分，模型1为投资者股利需求和包括股权制衡度及流通股比例两个变量在内的公司治理变量对股票股利支付情况的回归。结果表明：投资者股利需求在5%的水平上对股票股利支付情况产生显著的负向影响；股权制衡度在1%的水平上产生显著的正向影响；流通股比例在1%的水平上产生显著的负向影响。

为了检验模型1的稳健性，在模型2中添加了公司特征变量。结果显示：投资者股利需求对股票股利支付情况产生正向影响，并且在10%的水平上显著；公司治理变量的两个变量均产生正向影响，其中股权制衡度在1%的水平上显著为正，而流通股比例正向影响不显著；在控制变量中，净资产收益率、每股未分配利润、每股净资产均在1%的水平上对股票股利支付情况产生显著的正向影响，营业收入同比增长率产生不显著的正向影响，而市净率则在1%的水平上产生显著的负向影响。各项变量的系数方向符合预期假设，表明投资者股利需求越大，股权制衡度和流通股比例越高，净资产收益率、每股未分配利润、每股净资产和营业收入越高，市净率越低，则上市公司股票股利支付水平越高。

模型3为投资者股利需求和包括股权制衡度、流通股比例及高送转股三个变量在内的公司治理变量对股票股利支付比例的回归。结果显示：投资者股利需求在10%的水平上对股票股利支付比例的影响显著为正；股权制衡度和高送转股在1%的水平上显著为正；流通股比例在1%的水平上显著为负。

模型4加入控制变量后，结果显示：投资者股利需求在1%的水平上显著为正，股权制衡度、流通股比例和高送转股均在1%的水平上产生显著的正向影响；控制变量中的净资产收益率、每股未分配利润、每股净资产和营业收入同比增长率均对股票股利支付比例产生正向影响，其中净资产收益率、每股净资产、营业收入同比增长率均在1%的水平上显著为正，每股未分配利润的正向影响不显著，市净率产生不显著的负向影响。各项变量的系数方向符合预期假设，其中投资者股利需求、股权制衡度、流通股比例、高送转股、净资产收益率、每股净资产、营业收入同比增长率是影响股票股利支付比例的主要因素，是正向动因。

在主板回归部分，模型结构如全样本部分。在模型 5 中，投资者股利需求对股票股利支付情况产生不显著的负向影响，股权制衡度在 1% 的水平上产生显著的正向影响，流通股比例在 5% 的水平上产生显著的负向影响。

加入控制变量后，模型 6 的结果显示：投资者股利需求和流通股比例均变为不显著的正向影响，股权制衡度依然在 1% 的水平上产生显著的正向影响；控制变量中，净资产收益率、每股未分配利润、每股净资产均对股票股利支付情况产生正向影响，其中净资产收益率和每股净资产在 1% 的水平上显著为正，每股未分配利润在 10% 的水平上显著为正，而市净率和营业收入同比增长率均对股票股利支付比例产生不显著的负向影响。在模型 6 中，除了营业收入同比增长率外，其他变量对股票股利支付情况的影响均符合预期假设。这表明在主板市场中，投资者股利需求越大，股权制衡度和流通股比例越高，净资产收益率、每股未分配利润和每股净资产越高，市净率越低，则上市公司股票股利支付比例越高。

模型 7 为投资者股利需求和包括股权制衡度、流通股比例及高送转股三个变量在内的公司治理变量对股票股利支付比例的回归。结果表明：投资者股利需求对股票股利支付比例产生不显著的负向影响，股权制衡度和高送转股在 1% 的水平上显著为正，流通股比例为不显著的正向影响。

加入控制变量后，模型 8 的结果表明：投资者股利需求对股票股利支付比例依然产生不显著的负向影响，股权制衡度和高送转股在 1% 的水平上显著为正，流通股比例为不显著的正向影响；控制变量中，除了

7 上市公司股票股利政策迎合行为及其治理动因实证

每股未分配利润为不显著的负向影响外,其他变量均为正向影响,其中净资产收益率在10%的水平上显著为正,每股净资产在1%的水平上显著为正,市净率和营业收入同比增长率的正向影响不显著。模型8表明,在主板市场中,除了投资者股利需求、每股未分配利润和市净率外,其他变量对股票股利支付比例的影响均符合预期假设,股权制衡度、高送转股、净资产收益率和每股净资产是推动股票股利支付的主要积极动因。

在中小板与创业板回归部分,模型结构如同全样本部分。模型9中,投资者股利需求在5%的水平上对股票股利支付情况产生显著的负向影响,股权制衡度在1%的水平上产生显著的正向影响,流通股比例在1%的水平上产生显著的负向影响。

加入控制变量后,模型10的结果表明:投资者股利需求、股权制衡度和流通股比例均对股票股利支付情况产生正向影响,其中投资者股利需求和流通股比例的影响不显著,股权制衡度在5%的水平上显著为正;在控制变量中,净资产收益率、每股未分配利润和每股净资产均在1%的水平上对股票股利支付情况产生显著的正向影响,营业收入同比增长率产生不显著的正向影响,而市净率则产生不显著的负向影响。模型10表明,各项变量对股票股利支付情况的影响均符合预期假设,投资者股利需求越大,股权制衡度和流通股比例越高,净资产收益率、每股未分配利润、每股净资产和营业收入同比增长率越高,市净率越低,则上市公司股票股利比例越高。

在模型11中,投资者股利需求、股权制衡度和高送转股均在1%的水平上对股票股利支付比例产生显著的正向影响,流通股比例在1%的水平上产生显著的负向影响。

加入控制变量后,模型12的结果表明:投资者股利需求、股权制衡度、流通股比例和高送转股均在1%的水平上对股票股利支付比例产生显著的正向影响；在控制变量中，净资产收益率和营业收入同比增长率在5%的水平上显著为正，每股未分配利润在10%的水平上显著为正，每股净资产在1%的水平上显著为正，市净率则在5%的水平上显著为负。在模型12中，各项变量的影响均符合预期假设，在中小板与创业板中，投资者股利需求、公司治理变量及公司特征变量均是推动股票股利支付比例的主要积极动因。

7.4 结论分析

从股票股利迎合行为的治理动因检验来看，全样本的模型和中小板与创业板的模型在股利溢价与送转股意愿和比例关系上表现为较显著的相关关系，说明我国上市公司股票股利行为符合股利迎合理论，接受H_1。同时，代表股利需求的股利溢价和送转股的倾向及比例均显著正相关，因而可以接受H_2。加入控制变量后，流通股比例对送转股意愿和比例水平也呈显著正向关系，说明流通股比例越大，送转股的比例和可能性越大，因而可以接受H_3。第二至第十大股东持股份额占前十大股东持股总额比例代表的股权制衡度、送转股意愿在1%的水平上呈显著正向关系，说明股权制衡度越大，送转股的可能性和比例也越大，因而可以接受H_4。在大股东和高管减持发生的情况下，上市公司送转股意愿和比例也随之提高，二者呈显著正相关，说明送转股变成大股东与高管减持的一个工具，因而可接受H_5。

从不同板块层次的检验来看，全样本的迎合性较为显著，而中小板与创业板的显著性指标更突出，主板虽然模型显著，但在相关变量的显著性上不是很确定。因此，送转股这一特殊的股票股利行为在我国上市公司中是具有典型特征的迎合行为，尤其是在中小板与创业板里股本规

7 上市公司股票股利政策迎合行为及其治理动因实证

模小、成长性强的上市公司群体中更为典型。值得注意的是，随着全流通时代的到来，大股东和管理者在利用高送转股政策创造高股利溢价的同时进行减持套现，在某种程度上有操纵股利政策、损害中小股东利益之嫌，因此更应该从外部监管的角度强化治理。

8 迎合理论视角下股利政策决策及其治理动因综合实证

8.1 问题的提出

现金股利与股票股利并行是我国上市公司的特色,而投资者对股票股利独有偏好的原因在于税收偏差、现金股利收益率低等(吕长江,2002)。股票股利还被认为可以传递未来盈利信号(Shapiro 等,2015;Esqueda and Omar,2016;陈浪南,2000;易颜新,2008)。从股票市场的反应来看,股票股利公告前后存在正累计超常收益,比现金股利更受欢迎(魏刚,1998;何涛,2002;吕长江,2010)。自股利迎合理论被引入国内研究以来,龚慧云(2010)将 Baker 和 Wurgler(2004a)提出的股利溢价定义改造为支付股票股利公司与支付现金股利公司平均市值账面价值比,并通过实证检验发现,股票股利迎合了投资者的需求。许立新和杨淼(2014)运用股利迎合理论研究发现,中小板上市公司送转股行为存在理性迎合行业股利需求的现象。胡国柳等(2011)从公司治理的角度研究发现,股权分置改革后,我国上市公司发放股票股利呈现增多的趋势,而且与企业成长性和机构持股比例呈正相关。综合现有文献来看,股利迎合理论框架下的股利溢价分析可能比标准金融理论下的税负偏差、信号传递等更具解释力,而目前该类文献较少,采用的是股权分置改革前的数据，对公司治理因素也较少论及。

股利政策决策是关于"支付与否""支付多少""如何支付"的问题。在强化分红政策的外部治理环境约束下，越来越多的上市公司选择了现金分红来迎合政策需求。股权分置改革后，上市公司治理结构虽得以改善，但股权集中度和流动性仍然是决定现金分红的重要治理因素。在现金股利支付率相对较低的市场环境下，投资者相对热衷于股票股利，并得到了上市公司的充分迎合。在投资者回报要求受到各方关注的背景下，股利政策关于"支付与否"的问题呈淡化之势，而管理者的迎合决策更多取决于采取哪种股利发放形式可获取更高的股利溢价。以我国常用的现金分红和股票股利两种形式来看，究竟哪种股利形式的股利溢价更高？股利政策决策又会受到哪些公司治理因素的影响？对公司价值的影响又是如何呢？

8.2 研究假设

后股权分置时代，上市公司控股股东的获利方式已经不限于现金分红的转移和掏空，以高送转股为突出代表的分红形式不仅受到了中小投资者的热捧，还有利于大股东和管理者解禁套现，同时可以通过提升股价促使再融资、股权激励、员工持股计划等多重目标的顺利实现。因此，在现金分红政策下，第一大股东持股比例越高，上市公司越倾向实施现金分红，而在现金股利与股票股利的抉择中，后者因股利溢价较高而更受欢迎。据此，本章提出以下假设。

H_1：股票股利溢价较现金股利溢价高。

H_2：第一大股东持股比例越高，上市公司越倾向发放股票股利。

除了股权集中度以外，以第二至第十大股东持股比例之和占前十大股东持股比例之和为代表的股权制衡度,也对公司股利政策产生重要影响。在有关现金股利的研究中,股权制衡可以抑制控股股东的"隧道效应"和资产转移,促进现金分红。在现金分红和股票股利的比较中,如果股权制衡度越高,控股股东控股地位越不稳,减持意愿越低,则上市公司越倾向进行现金分红。因此,提出假设3。

H_3:股权制衡度越高,上市公司越倾向进行现金分红。

在我国上市公司现金分红比率相对较低的情形下,现金分红对流通股股东的吸引力较低,相反地,一直以来投机气氛较浓厚的二级市场可能因股票股利可创造更多资本利得而更受期望。高流通股比例不一定促成上市公司更多的现金分红,而是产生更多的股票股利需求。因此,提出假设4。

H_4:流通股比例越高,上市公司越倾向发放股票股利。

为配合"大小非"解禁、定向增发、并购重组、员工持股计划、股权激励等目标的实现,上市公司甚至有可能通过操纵股价获利。上市公司有较强烈的市值管理预期,又因市场对股票股利更为偏好,所以管理者通过实施股票股利来提升公司市值的倾向更强。因此,进一步提出假设5。

H_5:股票股利更有利于促进公司市场价值的提高。

8.3 模型构建与变量选取

8.3.1 模型构建

1. Tobit 综合检验模型

在股票股利与现金股利的抉择中,不仅是选用哪种股利形式的问题,还有支付多少的问题。对这一问题的研究适用 Tobit 模型。股利支付率或每股股利作为被解释变量时有非负的特点,符合 Tobit "受限因变量"的模型形式。

Tobit 模型的主要特点是解释变量可观测而被解释变量受限制,Tobit "两部分模型" (Two Part Model) 常见形式如下:

$$f(y\mid x)=\begin{cases}P(d=0\mid x)y=0\\P(d=1\mid x)f(y\mid x=1,x)y>0\end{cases} \quad (8-1)$$

式中,虚拟变量 d 取值 0 或 1,当 d 取值为 1 时,可观测到 $y>0$,否则 $y=0$。对于 $y=0$,只能估计 $P(d=0)$ 的概率;而对于 $y>0$,给定 $d=1$ 时有相应的概率密度 $f(y\mid d=1)=P(d=1\mid x)f(y\mid x=1,x)$。

Tobit "两部分模型",顾名思义,可分别进行估计(通常假设两部分独立),第一部分的二值选择可用全样本进行 Probit 或 Logit 估计,第二部分可由相应子样本进行 OLS 估计。

为了检验上市公司在股利政策决策时迎合理论的解释力,设股票股利发放时 Payer=1,现金分红时 Payer=0,利用全样本对 Payer 作为被解释变量进行估计,考察股利需求及相关治理因素的作用。同时,对 Payer=1 时的每股送转比例构建混合面板数据模型,进一步检验股利需求及治理因素的影响,最终可从"支付与否"和"支付多少"的角度对"如何支付"进行综合检验。

Tobit 综合检验模型设计如下:

$$Prob_{it}(Payer=1)=b\,PDND_{it}+c\,GR_{it}+d\,CC_{it}+\eta_i+\varepsilon_{it} \quad (8-2)$$

$$E_{it}(DPS\mid Payer=1)=f\,PDND_{it}+g\,GR_{it}+h\,CC_{it}+\eta_i+\varepsilon_{it}$$

$$(8-3)$$

式中,$PDND_{it}$ 为股利需求(溢价);GR_{it} 为公司治理变量;CC_{it} 为公司特征控制变量;η_i 表示上市公司非观测个体效应,反映了不同上市公司间持续存在的差异,如不同公司存在不同的经营管理方式、文化价值等;

ε_{it} 表示与公司个体和时间均无关的随机误差项。式（8-2）用 Logit 回归①进行估计，式（8-3）用混合面板数据模型进行估计。

2. 混合面板数据模型

除了 Tobit 模型中应用混合面板数据对股利支付数额进行检验外，还可以进一步探讨股利政策选择与公司市场价值及公司治理的关系，拟构建混合面板数据模型如下：

$$Tobin\ Q_{it} = k\ PDND_{it} + l\ GR_{it} + m\ CC_{it} + \eta_i + \varepsilon_{it} \qquad (8-4)$$

式中，$Tobin\ Q_{it}$ 既用来衡量公司价值，也间接衡量公司股东与内部人之间的代理成本因股利政策而产生的治理效应，反映公司治理的成效；$PDND_{it}$ 为股利需求（溢价）；GR_{it} 为公司治理变量；CC_{it} 为公司特征控制变量；η_i 表示上市公司非观测个体效应，反映了不同上市公司间持续存在的差异，如不同公司存在不同的经营管理方式、文化价值等；ε_{it} 表示与公司个体和时间均无关的随机误差项。

8.3.2 变量选取

1. 股票股利支付变量

股票股利支付变量包含股票股利支付情况（$Payer$）、每股送转股（DPS）、$TobinQ$。

2. 股利需求（溢价）

借鉴 Baker 和 Wurgler（2004a）所作的股利溢价定义，以市值账面价值比的自然对数作为每个公司投资者股利溢价（需求）的代理变量，即 $PD = \ln(M/B)$，其中 M 为总市值，B 为所有者权益。

---

① 考虑到股利政策分布的肥尾特点，采用 Logit 模型而非 Probit 模型。

3. 公司治理变量

股权集中度（$H1$）为第一大股东持股比例；股权制衡度（H）为前十大股东与第一大股东持股比例之差与前十大股东持股比例之比，即 $H = \dfrac{(H10 - H1)}{H10}$；流通股比例（$LSHR$），即流通股占总股本比例。

4. 公司特征变量

公司规模用总资产对数表示。收益性指标：净资产收益率，即净利润与所有者权益的比率。每股未分配利润：平均每股未分配利润。每股净资产：每股平均净资产额。市净率：股票市价与每股净资产的比率。成长性指标：用营业收入同比增长率来衡量成长性，即主营业务收入同比增长百分比。

根据已有研究，对式（8-2）提出如下假设：投资者股利需求、股权制衡度、流通股比例、净资产收益率、每股未分配利润、每股净资产、成长性指标等变量对股票股利支付情况产生正向影响，股权集中度、公司规模、市净率对股票股利支付情况产生负向影响。

对式（8-3）提出如下假设：投资者股利需求、股权制衡度、流通股比例、净资产收益率、每股未分配利润、每股净资产、成长性指标等变量对每股送转股产生正向影响，股权集中度、公司规模、市净率对每股送转股产生负向影响。

对式（8-4）提出如下假设：投资者股利需求、股权制衡度、流通股比例、净资产收益率、每股未分配利润、每股净资产、市净率、成长性指标等变量对 $TobinQ$ 产生正向影响，股权集中度、公司规模对 $TobinQ$ 产生负向影响。

8.4 实证分析

8.4.1 样本选择

根据研究需要,考虑 2009 年创业板的推出及股权分置改革取得的较大进展,选取 2009—2015 年的数据。样本公司剔除不发放股利公司、金融类公司、特殊处理(ST 或 *ST)公司、亏损公司及净资产为负数的公司、数据异常或缺失公司,所有数据来源于同花顺 iFinD 金融数据库,共收集到 2009—2015 年 10513 个样本,各项变量的描述性统计特征如表 8-1 所示。

表 8-1 各项变量的描述性统计特征

变量	含义	均值	标准差	最小值	最大值
$Payer$	送转股情况	0.319	0.466	0	1.000
$DPS=Per$	每股送转股	0.245	0.436	0	3.000
$TobinQ$	托宾 Q	2.369	2.106	0.065	29.169
$PD=\ln(M/B)$	股利溢价替代变量,市值账面价值比的自然对数	1.109	0.628	-1.181	3.728
$H1$	第一大股东持股比例	37.250	15.394	4.150	89.410
$(H10-H1)/H10$	股权制衡度	0.389	0.197	0.005	0.890
$LSHR$	流通股合计占总股本比例	68.837	29.701	4.260	100.000
$\ln ME$	总资产对数	12.768	1.293	10.032	19.298
ROE	净资产收益率	10.739	7.733	-18.830	79.100
$TEPS$	每股未分配利润	1.526	1.437	0.004	43.687
BPS	每股净资产	5.057	2.872	0.916	50.889

续表

变量	含义	均值	标准差	最小值	最大值
$P/B=PB$	市净率	3.941	2.921	0.484	41.734
MB	营业收入同比增长率	14.367	23.725	−88.170	99.812

8.4.2 Tobit 综合检验

对式（8-2）和式（8-3）的回归结果如表 8-2 所示。模型 1 和模型 2 是对式（8-2）的回归，模型 3 和模型 4 是对式（8-3）的回归。其中，模型 2 和模型 4 添加了控制变量。模型 1 至 4 通过 Hausman 检验表明固定效应模型（FE）更优，因而选用固定效应模型进行估计。

表 8-2 Tobit 模型和混合面板数据模型检验结果

变量	Payer		$DPS=Per$		$TobinQ$	
	模型 1 (FE)	模型 2 (FE)	模型 3 (FE)	模型 4 (FE)	模型 5 (FE)	模型 6 (FE)
$PD=\ln(M/B)$	0.609*** (0.0607)	1.397*** (0.149)	0.131*** (0.0125)	0.200*** (0.0253)	2.452*** (0.0520)	0.0694** (0.0879)
$H1$	0.0480** (0.00841)	0.0142 (0.00907)	0.00273* (0.00146)	−0.000291 (0.00145)	0.00185 (0.00393)	−0.00411 (0.00296)
$(H10-H1)/H10$	5.411*** (0.522)	2.849*** (0.543)	0.659*** (0.0787)	0.247*** (0.0803)	0.112 (0.187)	0.184 (0.133)
$LSHR$	−0.0066*** (0.00147)	0.0104*** (0.00181)	−0.000405 (0.000248)	0.00145*** (0.000282)	0.000188 (0.000536)	−0.000432 (0.000427)
$\ln ME$		−0.352*** (0.0809)		0.0381** (0.0148)		−0.265*** (0.0335)
ROE		0.0202*** (0.00581)		0.000808 (0.000958)		−0.00365* (0.00203)
$TEPS$		0.0539 (0.0777)		−0.0296 (0.0201)		−0.0318 (0.0214)
BPS		0.5470*** (0.0309)		0.0814*** (0.00553)		0.0561*** (0.00736)

续表

变量	Payer		DPS=Per		TobinQ	
	模型1 (FE)	模型2 (FE)	模型3 (FE)	模型4 (FE)	模型5 (FE)	模型6 (FE)
$P/B=PB$		−0.0811*** (0.0277)		−0.00420 (0.00576)		0.568*** (0.0247)
MB		0.00515*** (0.00133)		0.000887*** (0.000207)		−0.00132*** (0.000299)
常数项	−0.230*** (0.0839)	−1.021*** (0.202)	−0.476** (0.220)	3.376*** (0.453)		
个体固定效应	显著	显著	显著	显著		
R-squared	0.035	0.140	0.649	0.841		
样本数	7662	7662	10513	10513	10513	10513

注：因变量为 Payer 的模型中，括号内的数值为标准误；因变量为 DPS 和 TobinQ 的模型中，括号内的数值为稳健性标准误；*** 表示 $p<0.01$，** 表示 $p<0.05$，* p 表示 <0.1。

由表8-2可知，模型1中投资者股利需求（溢价）和股权制衡度均在1%的水平上对股利支付情况产生显著的正向影响，股权集中度在5%的水平上产生显著的正向影响，而流通股比例则在1%的水平上对股利支付情况产生显著的负向影响。

为了检验模型1的稳健性，在模型2中加入公司特征变量作为控制变量。结果显示：投资者股利需求（溢价）和股权制衡度依然在1%的水平上对股利支付情况产生显著的正向影响，股权集中度产生不显著的正向影响，而流通股比例在1%的水平上产生显著的正向影响；控制变量中，公司规模和市净率在1%的水平上对股利支付情况产生显著的负向影响，净资产收益率、每股净资产和营业收入同比增长率在1%的水平上对股利支付情况产生显著的正向影响，每股未分配利润产生不显著的正向影响。由模型2可知，各项变量对股利支付情况的影响符合预期假设，投资者股利需求（溢价）、股权制衡度、流通股比例、公司规模、净资产收益率、每股净资产、市净率和营业收入同比增长率是股票股利支付的正向动因，公司规模和市净率是负向动因。

在模型 3 中，投资者股利需求（溢价）和股权制衡度在 1% 的水平上显著为正，股权集中度在 10% 的水平上也显著为正，而流通股比例产生不显著的负向影响。

加入公司特征变量进行控制后，模型 4 显示：投资者股利需求（溢价）和股权制衡度依然在 1% 的水平上对每股送转股产生显著的正向影响，而股权集中度则变为不显著的负向影响，流通股比例在 1% 的水平上产生显著的正向影响；控制变量中，公司规模和营业收入同比增长率在 1% 的水平上产生显著的正向影响，每股净资产在 1% 的水平上显著为正，净资产收益率产生不显著的正向影响，而每股未分配利润和市净率则产生不显著的负向影响。由模型 4 可知，投资者股利需求（溢价）、股权制衡度、流通股比例、公司规模、每股净资产和营业收入同比增长率是每股送转股的正向动因。

通过对模型 2 和模型 4 联合构成的 Tobit 模型进行判断发现：第一，股票股利溢价对股票股利（送转股）支付情况和每股送转股的回归系数分别为 1.397 和 0.200，并且均在 1% 的水平上显著为正，说明股票股利溢价显著为正，大于现金股利溢价，接受 H_1；第二，在加入控制变量前，第一大股东持股比例对股票股利支付情况和支付率的回归系数为正，并且分别在 5% 和 10% 的水平上显著为正，加入控制变量后对股票股利支付情况的回归系数为正，但未能通过显著性检验，说明第一大股东持股比例与股利政策决策无显著关系，拒绝 H_2；第三，股权制衡度对股票股利支付情况和支付比例的回归系数一直为正，并且显著性为 1%，说明股权制衡度并未使公司更倾向发放现金股利，拒绝 H_3；第四，流通股比例回归系数在 1% 的水平上显著为正，说明流通股比例越高，股票股利支付倾向越强，接受 H_4。在控制变量方面，每股净资产、成长性指标均在 1% 的水平上显著为正，对股票股利的支付产生正向影响；规模变量影响显著，但在模型中符号不一致，表明对股票股利支付倾向产生负向影响，而对送转股比例产生正向影响；盈利性对股票股利发放产生正向影响，而对市净率则产生负向影响。

8.4.3 TobinQ 检验

对式（8-4）的回归结果如表 8-2 所示，模型 5 和模型 6 是对式（8-4）的回归，分别为无控制变量和增加了控制变量的模型。通过 Hausman 检验，各个模型最终选用固定效应模型进行估计。

在模型 5 中，投资者股利需求（溢价）在 1% 的水平上对 TobinQ 产生显著的正向影响，股权集中度、股权制衡度和流通股比例均对 TobinQ 产生不显著的正向影响。

加入控制变量后，模型 6 结果显示：投资者股利需求（溢价）变为在 5% 的水平上产生显著的正向影响，股权制衡度对 TobinQ 产生不显著的正向影响，股权集中度和流通股比例对 TobinQ 均产生不显著的负向影响；控制变量中，公司规模、净资产收益率、每股未分配利润和营业收入同比增长率均对 TobinQ 产生负向影响。其中，公司规模和营业收入同比增长率在 1% 的水平上显著为负，净资产收益率在 10% 的水平上显著为负，每股未分配利润负向影响不显著，每股净资产、市净率均在 1% 的水平上对 TobinQ 产生显著的正向影响。综合来看，股票股利相比现金股利可以产生正的股利溢价，并带动公司市值的增长，符合 H_5 的预期，说明上市公司有通过送转股行为进行市值管理的迹象。然而，公司规模、成长性、收益性对 TobinQ 产生的显著负向影响表明，股票股利政策更多地表现为通过对投资者的迎合提高股价、增大市值，与上市公司的质量并不一定具有一致性的市值影响方向。

8.5 结论分析

投资者股票股利需求（溢价）不仅对公司送转股情况（倾向）产生重要影响，而且会对送转股比例产生重要影响，投资者对于现金股利而言更偏好股票股利。上市公司管理者在进行股利政策决策时，存在理性迎合投资者、热衷送转股的股票股利偏好行为。从公司治理变量对股票股利决策产生的影响来看，第一大股东持股比例的影响不显著，说明控股股东并未对股票股利表现出严格的偏好，还可能因为"隧道效应""掏空"等不合理欲求而继续偏好现金股利；股权制衡度对股票股利支付倾向和比例均产生正向的影响，并非原先假设所说的通过制衡加强现金分红，而是作为机构持股亦有获取资本利得的强烈偏好。从公司特征变量的影响来看，规模变量显著地对股票股利支付倾向产生负向影响，而对送转股比例产生正向影响；盈利性对股票股利发放产生正向影响，而对市净率则产生负向影响。但盈利性、成长性、公司规模对市值的增长并无正向影响，说明股票股利推动的市值增长并未与公司基本面产生一致性，只为追求短期股价上升而获取股利溢价。

9 对策建议与结论

9.1 对策建议

9.1.1 完善上市公司股利政策的外部治理环境

我国资本市场发展时间短,起步于经济转轨时期,上市公司投资者回报意识较为薄弱。如果没有外部治理环境的优化与完善,那么投资者回报意识不会自主强化。因此,完善股利政策的外部治理环境是重中之重。自2000年真正形成强化分红政策以来,在不断完善的过程中也逐渐强化了上市公司投资者回报意识,促使上市公司被动迎合政策,并开始践行回报投资者的信托责任。强化分红政策的成效与必要性有目共睹,当然完善的市场条件下不应该再有诸如此类的政策,毕竟公司股利政策是公司自治行为。因此,我们对强化分红政策下上市公司对政策的肤浅迎合,或一边分红一边融资的"再融资悖论"不能熟视无睹,也对进一步完善外部治理环境、发挥现金分红的公司治理效应提出了新要求。

首先,健全上市公司股利政策规范化机制。强化分红政策与股权分置改革为上市公司治理改革和股利政策规范提供了丰富的政策制度资源。股利政策更应该在完善的公司治理和外部治理环境下趋于理性化、规范化。因此,过多的行政干预不可取,遵循《上海证券交易所上市公司现金分红指引》的轨迹，鼓励上市公司实施差异化的现金分红政策，既量力而行又充分考虑投资者回报才是改革的方向。目前的政策仅对现金分红的底线和高水平标准做了单一的划分，后续改革可以根据行业发展水平和特征、企业盈利情况及未来发展战略等因素，进一步丰富强化现金分红政策的量化指标，合理引导上市公司进行规范化的现金分红。

其次，加强上市公司股利政策的外部监督力量建设。一是从法律角度进一步完善具有长期投资需求的机构投资者（包括各种养老金、社保基金等）的准入门槛和行为规范，健全机构投资者自身治理、监督和激励约束机制，有效提高其持股比例，并通过稳定持股、强化用"手"投票，加强其监督职能。二是从债权人、社会中介与公众等主体角度出发，在市场化不断完善的情况下强化其监督机制，让股利政策决策的利益相关者的实力更为均衡，减少操纵股利政策。

最后，强化信息披露监管。2013年，虽然强化分红政策步入差别化分红机制建设阶段，但是每年依然有数百家盈利公司不进行现金分红，并对不分红的原因披露得不具体，随意性比较大。对此，在信息披露监管中更应该要求上市公司对留存收益进行规划。对于定向增发的上市公司，由于有众多公司通过高分红逃避监管，获取绿色通道，因此应着重对定向增发项目进行审查，避免"再融资悖论"的发生。自2016年中期报告披露以来，监管部门强化了对高送转股公司的监管。这一思路是正确的，应进一步要求高送转股公司就分红意向及是否有减持规划做清晰说明。

9.1.2 继续完善上市公司治理结构

股利政策是公司治理的组成部分，合理的股利政策有助于上市公司的良性发展。在投资者回报机制的作用下，公司治理结构应该着力于制定和实施自发自治、合理稳定的股利政策。本书在研究中多次用到大股东持股比例、股权制衡度、流通股比例等公司治理指标，治理结构已经严重影响了股利政策决策，而股利政策对于公司治理效应的发挥又产生了重要的影响。

首先，在大股东实力依然占优的情形下，要继续完善董事会和监事会等内部机构职能。有众多研究发现，独立董事比例偏低、董事会成员担任高管等因素导致上市公司治理结构的股权制衡度偏低，进而导致股利政策有可能被操纵，沦为大股东和管理者理性迎合并牟取私利的工具。改革和完善董事会、监事会等权力机构是对当前大股东实力过强、股权相对集中情形下产生的代理问题的治理之道。

其次，加快完善管理层激励约束机制。可以考虑将股利政策作为管理者绩效水平考核的指标，并以此作为完善激励约束机制的重要举措，观测和考察股利政策的稳定性、持续性，以及股利政策对公司经营水平的反应能力。对管理者的激励约束增强，可以减少因理性迎合外部市场而随意变更股利政策、损害中小投资者利益的行为。

最后，强化中小投资者在公司治理结构中的地位。大股东现金股利的利益输送行为在一定范围内仍大量存在，主要是由于中小投资者在公司治理结构中的话语权不够。通过强化中小投资者在公司治理结构中的地位，可以找到投资者回报机制弱化的关键症结。可借鉴的制度如累积投票制度、中小投资者质询权与提案权保障制度等。同时，辅以必要的投资者教育，以提高中小投资者参与公司治理与股利政策的理性度，这也是减少权益受损的重要手段。

9.1.3　暂停我国上市公司股息红利个人所得税征收

随着2019年4月深化增值税改革新政的实施，我国财税体制改革取得了重大突破，通过实施大规模的减税政策，为落实中央"六稳"工作、促进经济社会平稳健康发展提供了强力支撑。

9 对策建议与结论

我国上市公司股息红利个人所得税早期按20%税率征收,自2005年6月13日起,根据《关于股息红利个人所得税有关政策的通知》(财税〔2005〕102号)相关规定,将税率降为10%。自2013年起,根据《关于实施上市公司股息红利差别化个人所得税政策有关问题的通知》(财税〔2012〕85号)相关规定,个人投资持有上市公司股票不超过1个月的,所取得的股息红利应全额纳税;持股超过1个月但不长于1年的,暂减按50%纳税;持股1年以上的,暂减按25%纳税,统一适用税率为20%。自2015年9月8日起,根据《关于上市公司股息红利差别化个人所得税政策有关问题的通知》(财税〔2015〕101号)相关规定,在财税〔2012〕85号的基础上对持股1年以上的投资者暂免征收股息红利个人所得税。

在上市公司股息红利个人所得税政策的演变过程中,财税〔2005〕102号出台于上证综指跌破1000点、月成交额仅有800余亿元的低迷行情背景,其目的是通过减税提高市场活跃度、推进股权分置改革;财税〔2012〕85号主要针对股市换手率过高、投机氛围较浓厚的市场环境,通过实施差别化税收政策鼓励长期投资,谋求资本市场健康发展;财税〔2015〕101号则是在市场行情下跌的过程中加大了长期投资的税收优惠力度,以期促进资本市场的平稳发展。

财税〔2012〕85号和财税〔2015〕101号均难以实现鼓励长期持股投资的效果,使税收政策调节作用失效。一方面,相对较低的股息率令差异化税收政策的节税效应微乎其微。据2018年年报披露,贵州茅台拟以每10股派现145.39元(含税),创下市场之最,但其股息率仅为1.68%左右;社保基金2019年4月初发布公告,拟在6个月内减持交通银行不超过14.85亿股,主要原因是交通银行股息率达不到其预期要求,然而交通银行约4%的股息率在市场上已不算低。股息率过低极大地弱化了差异化税收政策的节税效应。另一方面,市场较大的波动率令投资者资本损益远超股息红利及所得税。自差别化税收政策出台以来，我国证券市场经历了较大波动，2015年上证综指最高达5178点，全年振幅71.95%，年换手率高达1438%，若投资者随指数跌至2019年初的2440点而持股不动，则股息红利及所得税远远不及资本损失。

  行为金融学的迎合理论解释了管理者制定股利政策以实现股利溢价的动机，但是我国上市公司的股利政策迎合异象颇为特殊。一是管理者出于对监管政策的迎合，倾向实施大面积的低现金分红。截至2019年4月4日，发布2018年年报的上市公司有1032家，其中实施现金分红预案的公司有1025家，占比99.32%，但每股派现小于0.1元的公司多达375家，占比36.33%。股息红利个人所得税政策降低了大部分上市公司现金分红的意愿，普遍的低分红行为更多的是为了迎合2013年《上海证券交易所上市公司现金分红指引》中30%分红比例的监管要求。二是管理者出于对市场的迎合，倾向于采用股票股利形式。现金分红收益不佳，税收政策又进一步降低了投资者的获得感，于是中小投资者普遍倾向追求资本利得，很多上市公司热衷于实施股票股利政策，既迎合了中小投资者的需求，又为大股东和管理者创造了减持机会。近年来，高送转现象频出，交易所不得不通过发问询函、关注函加以干预。三是部分上市公司大股东持股比例高且较为稳定，易于获得现金红利的避税效应。通过派现产生现金股利"隧道效应"，由此导致的股利政策异象使部分公司经常一边高额派现，一边进行外部融资。

  一方面，股息红利个人所得税是企业缴纳所得税后的进一步纳税。相比之下，房地产市场中的房租等财产性收入不需要双重纳税；另一方面，相对于股息红利的双重征税，我国银行存款利息免税，对银行理财产品的征税也缺乏明确的规定，实操中多数银行也没有代扣代缴。在为数不多的居民财产性收入来源中，股息红利所得税的双重征税效应导致了税收的不公平。

从社会经济发展大局的角度来看，我国正处于推进供给侧结构性改革、建设现代化经济体系、促进经济高质量发展的关键时期，迫切需要稳定、健康的资本市场发展环境。上市公司股息红利所得税政策作为间接调节手段效果有限，唯有大幅深化改革才能激发其调节作用。因此，应考虑暂停征收个人环节股息红利所得税。一是有助于稳定资本市场发展预期，吸引民间资金入市，促进市场走势健康平稳，为科创板的推出营造良好的市场氛围；二是暂停个人环节股息红利所得税，符合当下减税降费大趋势要求，有利于释放消费需求潜力，助力经济平稳增长；三是强化政府对股利政策异象的治理能力，增强上市公司主动进行现金分红的意愿；四是避免双重课税，为个人获取合理财产性收入提供保障。

股息红利个人所得税应从资本市场实际情况出发，因时、因地制宜，进行动态调整，暂停征收个人环节股息红利所得税。一方面，从收益率来看，当股息率普遍低于银行理财产品或货币市场基金平均收益率时，应考虑暂停征收。股票投资虽是高风险投资，但2017年股息率达到一年期定期存款利率的上市公司数量不足20%，连续三年超过2%的上市公司仅有202家，超过4%的上市公司仅有29家。另一方面，从行情走势来看，在市场低迷或下行阶段，应考虑暂停征收股息红利个人所得税，加强对投资者的风险补偿，维护行情稳定。

从税制改革的长远趋势来看，应建立健全所得税一体化制度，使之成为现代财税制度的一项重要支撑。在此项制度建立之前，应暂停征收个人环节股息红利所得税。未来在综合计征、个人申报的基础上，对企业所得税与个人所得税实行综合计征，在扣除企业所得税后，调整股息红利个人所得税的应纳税所得额，按累进税率计征税款。此外，综合房地产、银行储蓄与理财产品等投资标的，将其统一纳入一体化制度体系，着力健全公平合理的所得税体系，发挥税收对社会经济发展的调节作用。

9.2 结论

9.2.1 主要内容与观点

本书在提出股利迎合异象和梳理股利政策理论的基础上,总结了我国上市公司股利政策行为特征及重要规制。在分析了股利迎合理论适用条件、我国上市公司股利政策与公司治理特殊性之后,从我国实际情况出发,对股利政策迎合理论模型进行了推演改进,构建了股利政策迎合行为及其治理的解释框架。进一步地,本书从强化分红政策、股权分置改革、股票股利形式及综合股利决策视角,对股利政策的迎合行为及其治理动因逐一展开实证检验,并取得了丰富的研究成果。第一,我国上市公司现金分红符合迎合理论的解释,而且具有迎合强化分红政策的特性;第二,对比我国上市公司股权分置改革前后,改革前现金分红的迎合特征更为明显,改革后,并行的股票股利政策带来的影响及市场波动导致迎合特征弱化;第三,我国上市公司,尤其是中小板与创业板公司对股票股利非常热衷,因为其迎合效果特别明显;第四,在综合股利决策方面,股票股利比现金股利更具有迎合性。综合股利政策的迎合行为表现,其治理动因在于外部治理环境还有待优化,改革中大股东与管理者制衡度较低等方面。正因如此,我国上市公司股利政策的迎合行为具有特殊性,其治理效应也相对较弱,须从治理的角度加强对上市公司股利政策行为的规范,并以此带动股利政策治理效应的发挥。

9.2.2 创新点

本书的创新点主要有以下三个方面。

第一，对股利迎合理论模型进行了具有针对性的改造与推演。在不改变投资者异质性、套利有限性和管理者理性的假设框架下，结合我国资本市场发展实际，增加了强化分红政策的迎合成本变量，考虑了股票股利支付对总股本的改变，对经典股利迎合模型进行了创新性推演，解释了迎合理论在强化分红政策背景下及股票股利形式下的迎合条件。

第二，在改进股利迎合理论的基础上，综合应用量化分析方法进行全面研究。本书研究方法新颖，首先，国内相关文献的数据大多是股权分置改革之前的，与资本市场快速发展的步伐不匹配，而本书的研究数据最大跨度从资本市场建立之初到 2016 年中报，现实基础更强；其次，应用 Logit 模型、混合面板数据模型及综合性较强的 Tobit 模型展开全面的实证研究，方法的复杂度在国内来看是居前的；最后，融入政策时间虚拟变量，对强化分红政策、股权分置改革、股票股利政策予以深度关注，全面性较为突出。

第三，关注上市公司股利迎合行为的治理动因，进一步从完善公司治理的角度消除股利政策的迎合异象。当前有关股利政策的研究，很多只停留在解释"股利之谜"、分析股利政策的基本动因上。本书迎合动因展开分析，从治理的角度找到股利政策迎合异象的症结，并指明改进方向，突出了研究的完整性和系统性。

9.2.3 研究的不足与展望

本书在研究中既遇到了很多瓶颈，也有很多不足。第一，在数据的获取上主要来源于同花顺 iFinD 金融数据库和 Wind 资讯金融数据库，无论是哪个数据库，其数据的全面性和准确性都无从保障，导致本书在研究治理问题的过程中，对内部治理的若干变量无从下手；第二，基于迎合理论的基本框架，对投资者异质性的分析是重点内容，但本书只能局限于人股东与中小投资者的异质性，未能就股利行为市场反应方面的异质性进行分解研究,进而更精准地剖析股利迎合行为,这是本书的一大缺憾;第三,股利迎合行为的影响因素还可能存在行业、地域差异,即使是时变性方面,本书也没能全面展开研究,所以还有很多真相有待揭开。

在未来的研究中,实现数据的全面同步很有必要,对投资者更为精准细致的分析也亟待开展;而关于股利政策在行业、地域、时间等多重视角下的细化研究,也将成为清晰解释股利行为、回答"股利之谜"的重要趋势。

参考文献

[1] BAKER M, GREENWOOD R, WURGLER J. Catering through nominal share prices [J]. The Journal of finance, 2009, 64 (6): 2559-2590.

[2] BAKER M, WURGLER J. Investor sentiment in the stock market [J]. Journal of economic perspectives, 2007, 21 (2): 129-152.

[3] BAKER M, WURGLER J. A catering theory of dividends [J]. The Journal of finance, 2004, 59 (3): 1125-1165.

[4] BAKER M, WURGLER J. Appearing and disappearing dividends: The link to catering incentives [J]. Journal of financial economics, 2004, 73 (2): 271-288.

[5] DENIS D J, OSOBOV I. Why do firms pay dividends? International evidence on the determinants of dividend policy [J]. Journal of financial economics, 2008, 89 (1): 62-82.

[6] FAMA E F, FRENCH K R. Disappearing dividends: changing firm characteristics or lower propensity to pay? [J]. Journal of financial economics, 2001 (1): 3-43.

[7] KIM I, KIM T. Changing Dividend Policy in Korea: Explanations Based on Catering, Risk, and the Firm's Lifecycle [J]. Asia-Pacific journal of financial studies, 2013, 42 (6): 880-912.

[8] LA PORTA R, LOPEZ-DE-SILANES F, SHLEIFER A, et al. Agency problems and dividend policies around the world [J]. Journal of finance, 2000, 55 (1): 1-33.

［9］ LI W，LIE E. Dividend changes and catering incentives［J］. Journal of financial economics，2006，80（2）：293-308.

［10］ MILLER M H，MODIGLIANI F. Dividend policy，growth，and the valuation of shares［J］. The journal of business，1961，34（4）：411-433.

［11］ NEVES E，PINDADO J，TORRE C. Dividends：New evidence on the catering theory［J］. Working papers，2007.

［12］ RAMADAN I Z. The jordanian catering theory of dividends［J］. International journal of business and management，2015，10（2）：226.

［13］ RASHID M，MAT NOR F，IBRAHIM I. Evidence of dividend catering theory in Malaysia：implications for investor sentiment［J］. Contemporary economics，2013，7（4）：99-110.

［14］ 原红旗. 中国上市公司股利政策分析［M］. 北京：中国财政经济出版社，2004.

［15］ 黄娟娟. 行为股利政策［M］. 厦门：厦门大学出版社，2012.

［16］ 林川. 中国上市公司现金股利分配倾向：代理效应还是迎合行为？［D］. 重庆：重庆大学，2010.

［17］ 罗宏. 上市公司现金股利政策与公司治理研究［M］. 成都：西南财经大学出版社，2008.

［18］ 李常青，魏志华，吴世农. 半强制分红政策的市场反应研究［J］. 经济研究，2010，45（3）：144-155.

［19］ 陈云玲. 半强制分红政策的实施效果研究［J］. 金融研究，2014（8）：162-177.

［20］ 强国令. 半强制分红政策、逆向选择与股利掏空［J］. 投资研究，2014（10）：118-131.

［21］ 魏志华，李茂良，李常青. 半强制分红政策与中国上市公司分红行为［J］. 经济研究，2014（6）：100-114.

[22] 饶育蕾，李湘平. 迎合还是背离：来自我国上市公司现金股利分配的证据［C］. 中国会计学会 2005 年学术年会论文集（上）. 2005.

[23] 饶育蕾，贺曦，李湘平. 股利折价与迎合：来自我国上市公司现金股利分配的证据［J］. 管理工程学报，2008（1）：133-136.

[24] 熊德华，刘力. 股利支付决策与迎合理论：基于中国上市公司的实证研究［J］. 经济科学，2007（5）：89-99.

[25] 黄娟娟，沈艺峰. 上市公司的股利政策究竟迎合了谁的需要：来自中国上市公司的经验数据［J］. 会计研究，2007（8）：36-43，95.

[26] 林川，曹国华. 现金股利支付倾向与迎合理论：基于中小板上市公司数据的检验［J］. 经济与管理研究，2010（11）：92-97.

[27] 周平. 现金股利迎合与股权融资效率：基于半强制分红政策的实证检验［J］. 中国注册会计师，2015（8）：45-51.

[28] 于瑾，张婷，吕东锴. 强化现金分红政策是在迎合投资者么：来自中国内地和台湾的经验证据［J］. 当代财经，2013（2）：58-66.

[29] 支晓强，胡聪慧，吴偎立，等. 现金分红迎合了投资者吗：来自交易行为的证据［J］. 金融研究，2014（5）：143-161.

[30] 张亦春，孙君明. 我国上市公司的股权结构、股利政策与公司治理研究综述：基于股权分置改革后股权结构变化的研究视角［J］. 当代财经，2009（7）：123-129.

[31] 原红旗. 中国上市公司股利政策分析［J］. 财经研究，2001（3）：33-41.

[32] 肖珉. 自由现金流量、利益输送与现金股利［J］. 经济科学，2005（2）：67-76.

[33] 许文彬，刘猛. 我国上市公司股权结构对现金股利政策的影响：基于股权分置改革前后的实证研究［J］. 中国工业经济，2009

(12):128-138.

[34] 强国令. 股权分置制度变迁、股权激励与现金股利:来自国有上市公司的经验证据 [J]. 上海财经大学学报, 2012 (2):48-55, 89.

[35] 于静, 陈工孟, 孙彬. 股权分置改革改善现金股利掠夺效应的有效性 [J]. 软科学, 2010 (8):24-29.

[36] 武晓玲, 翟明磊. 上市公司股权结构对现金股利政策的影响:基于股权分置改革的股权变化数据 [J]. 山西财经大学学报, 2013 (1):84-94.

[37] 王曼舒, 齐寅峰. 现金股利与投资者偏好的实证分析 [J]. 经济问题探索, 2005 (12):65-71.

[38] 林川. 地区市场化进程与现金股利迎合行为 [J]. 财贸研究, 2015 (2):139-147.

[39] 林川, 杨柏, 代彬. IPO 现金股利政策迎合了证券市场吗?[J]. 云南财经大学学报, 2016 (1):111-120.

[40] 支晓强, 胡聪慧, 童盼. 股权分置改革与上市公司股利政策:基于迎合理论的证据 [J]. 管理世界, 2014 (3):139-147.

[41] 王蕾. 中国上市公司现金股利政策研究 基于沪深两市 A 股 2007—2010 年的经验数据 [M]. 北京:经济科学出版社, 2015.

[42] 粟立钟. 股利政策的投资者保护机制研究 [M]. 北京:经济科学出版社, 2014.

[43] 刘万丽. 中国上市公司股票股利政策实证研究 [M]. 北京:中国经济出版社, 2014.

[44] 朱德胜. 基于股权结构的公司现金股利政策研究 [M]. 北京:中国财政经济出版社, 2009.

[45] 杨家新. 公司股利政策研究 [M]. 北京:中国财政经济出版

社，2002.

[46] 李常青. 股利政策理论与实证研究 [M]. 北京：中国人民大学出版社，2001.

[47] 朱元琪，刘善存. 股票股利与价值重估：信号、流动性改善还是价格幻觉？[J]. 经济经纬，2011（3）：146-151.

[48] 杨家新. 股票股利会计政策研究 [J]. 会计研究，2000（3）：48-52，55.

[49] 肖淑芳，彭云华. 股票股利与公积金转增的长期超额收益研究 [J]. 北京工商大学学报（社会科学版），2014（2）：96-104.

[50] 吴纬地. 股票股利市场反应的实证研究 [J]. 武汉金融，2011（4）：32-34.

[51] 卫亚楠. 论上市公司现金股利与股票股利的选择 [J]. 会计之友，2011（10）：100-101.

[52] 吕长江. 现金股利与股票股利的比较分析 [J]. 经济管理，2002（8）：80-84.

[53] 韩慧博，吕长江，李然. 非效率定价、管理层股权激励与公司股票股利 [J]. 财经研究，2012（10）：47-56，100.

重要术语索引表

C

财产股利 …………………… 34

D

代理成本理论 ………………… 18

G

股利溢价 …………………… 4
股利迎合理论 ………………… 4
股利迎合理论模型 …………… 24
股利迎合行为 ………………… 6
股利之谜 …………………… 3
股利支付意愿 ………………… 7
股票股利 …………………… 2
股权集中度 …………………… 4

L

Logit 模型 …………………… 9

M

面板数据模型 ………………… 9
MM 理论 …………………… 3

Q

强化现金分红政策 …………… 1

S

税差理论 …………………… 16

T

Tobit 模型 …………………… 9

X

现金股利 …………………… 2
现金股利支付率 …………… 39
信号传递理论 ……………… 17

Y

英美公司治理模式 ………… 36

Z

追随者效应论 ……………… 3